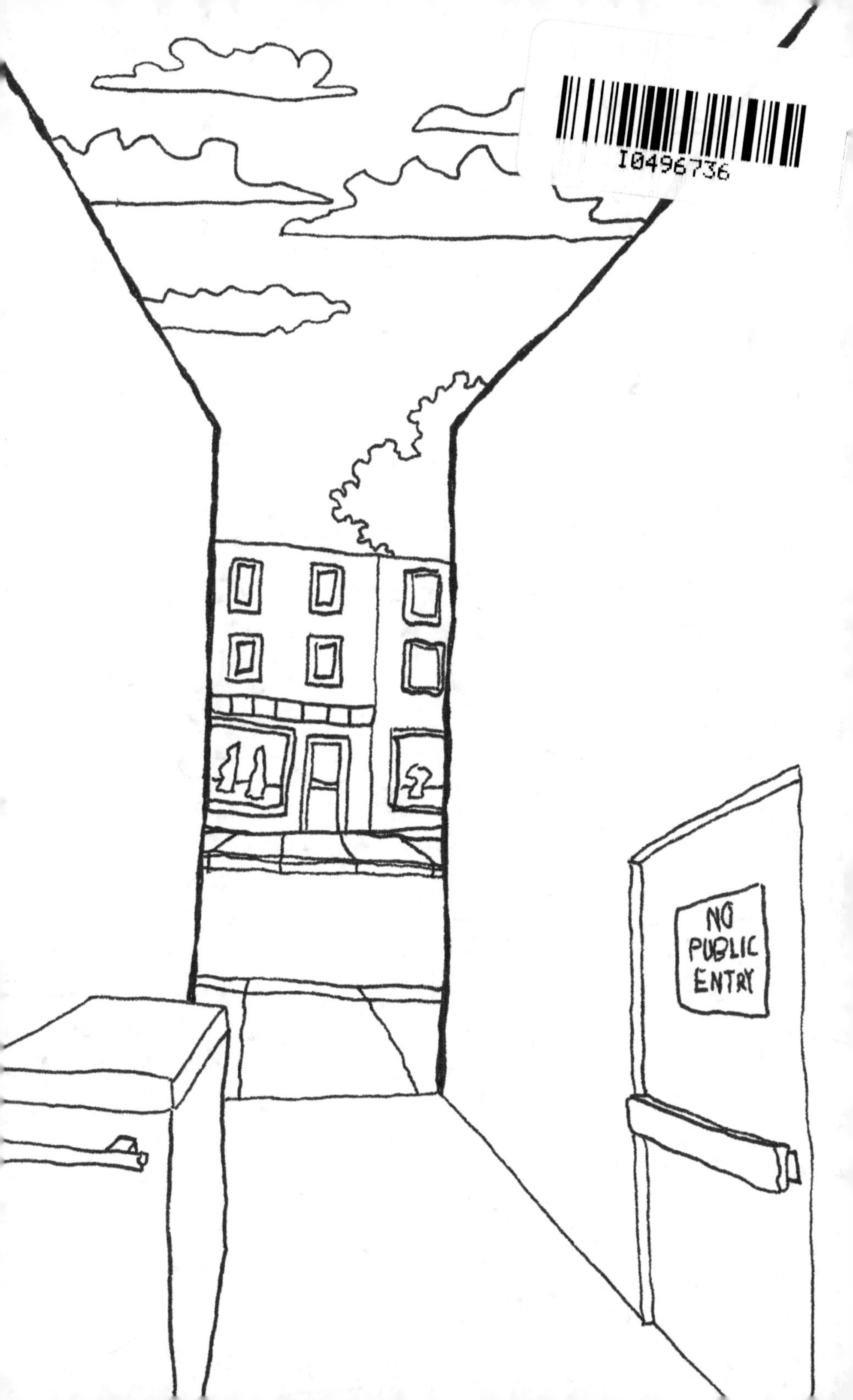

I0496736

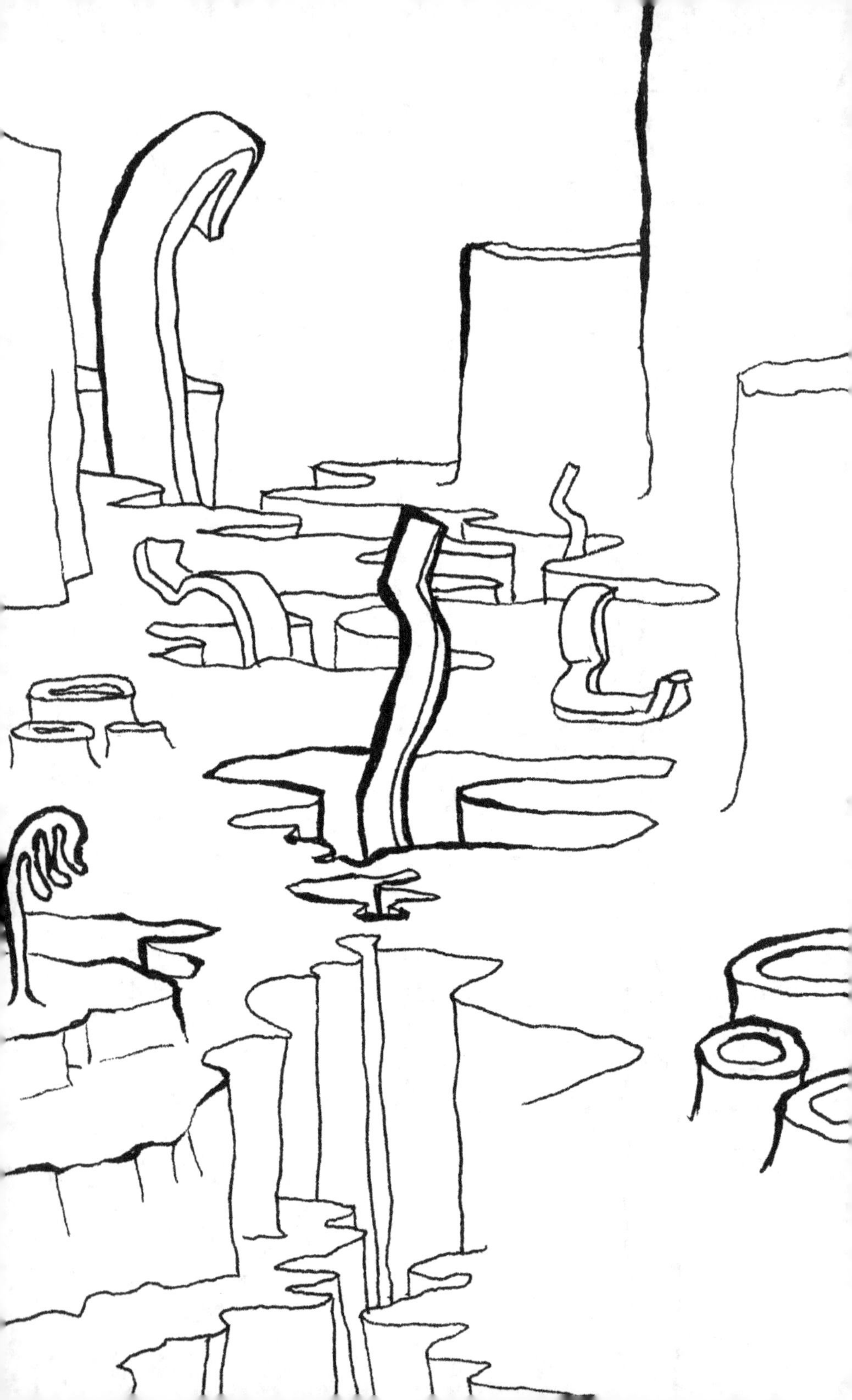

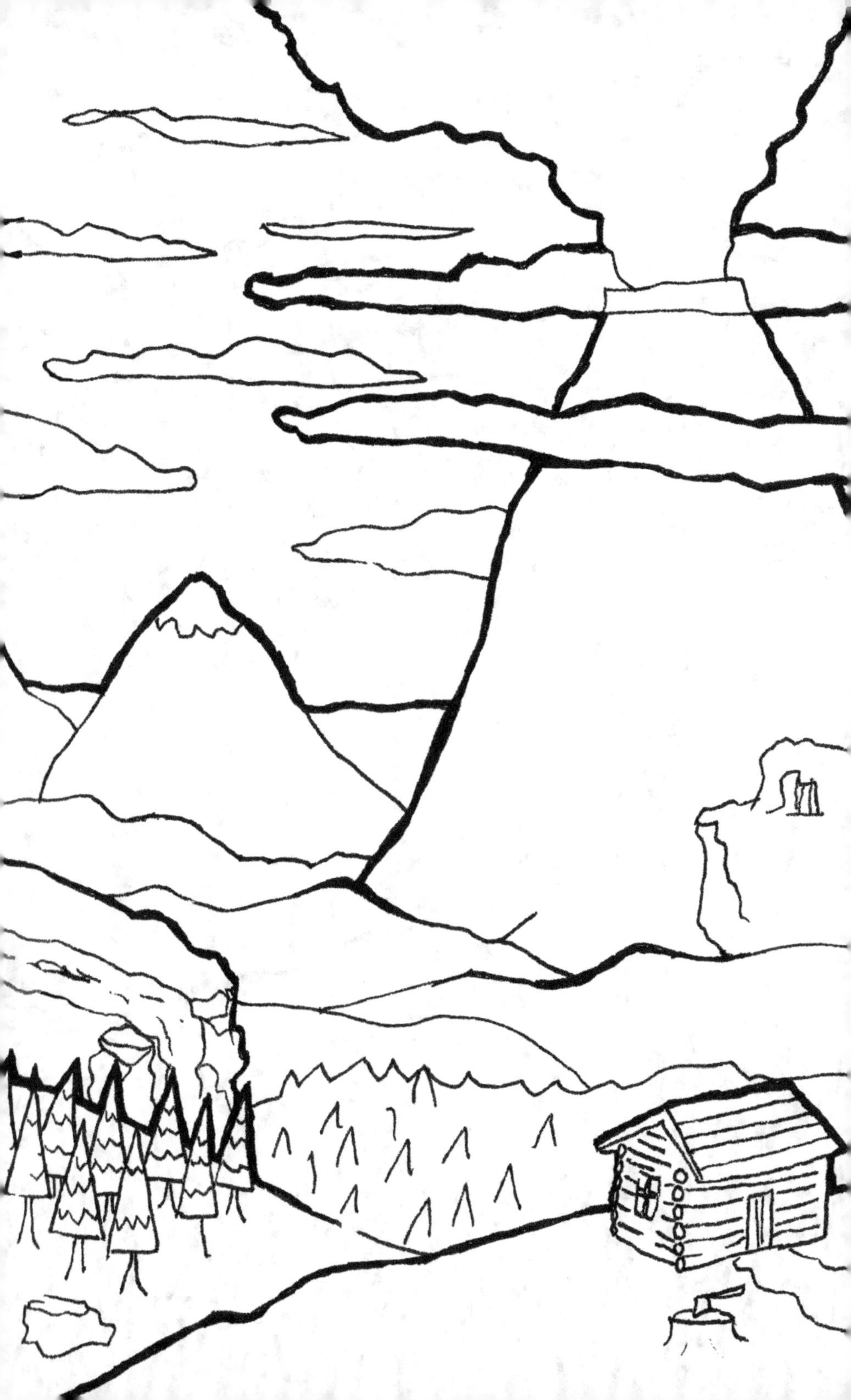

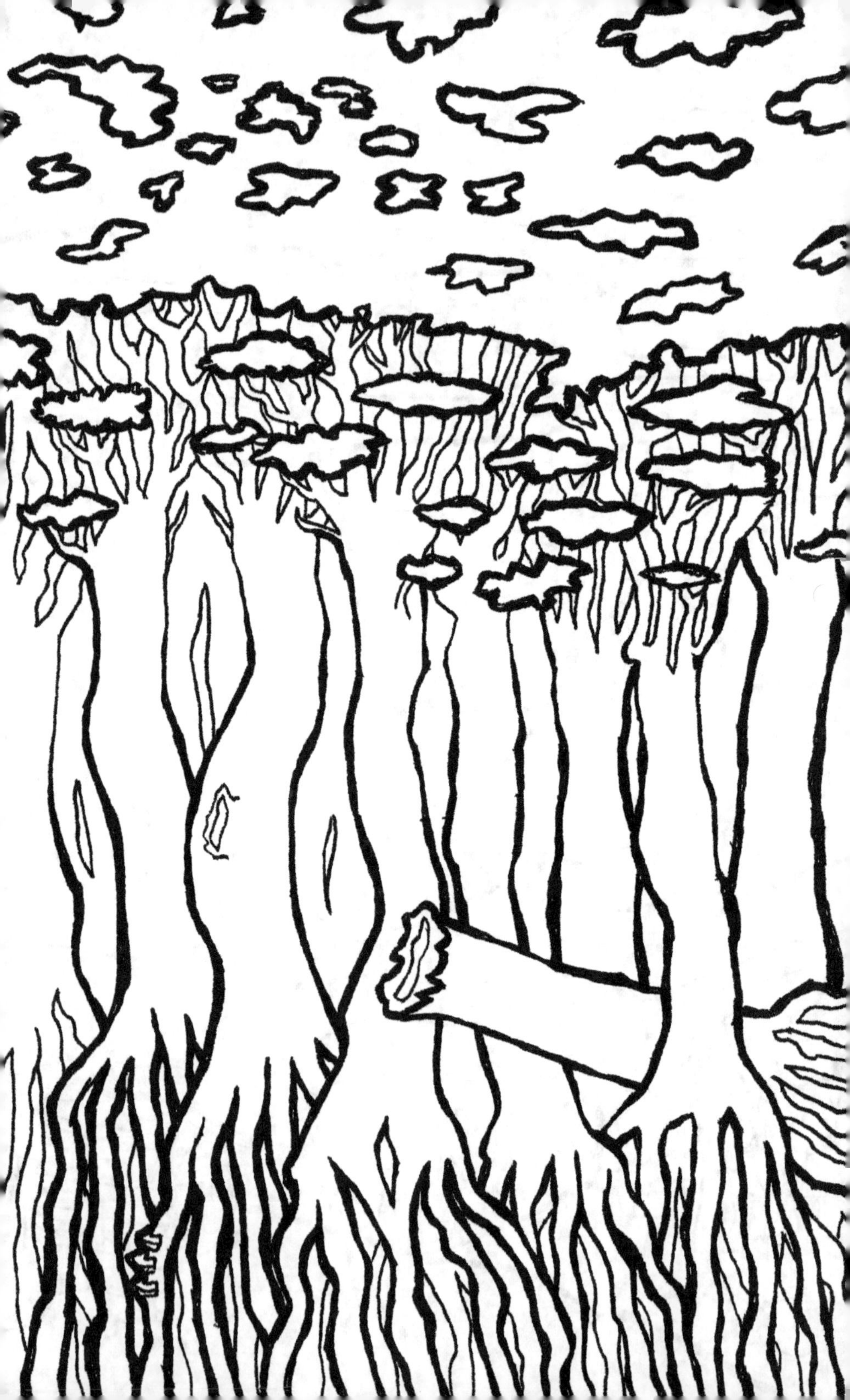

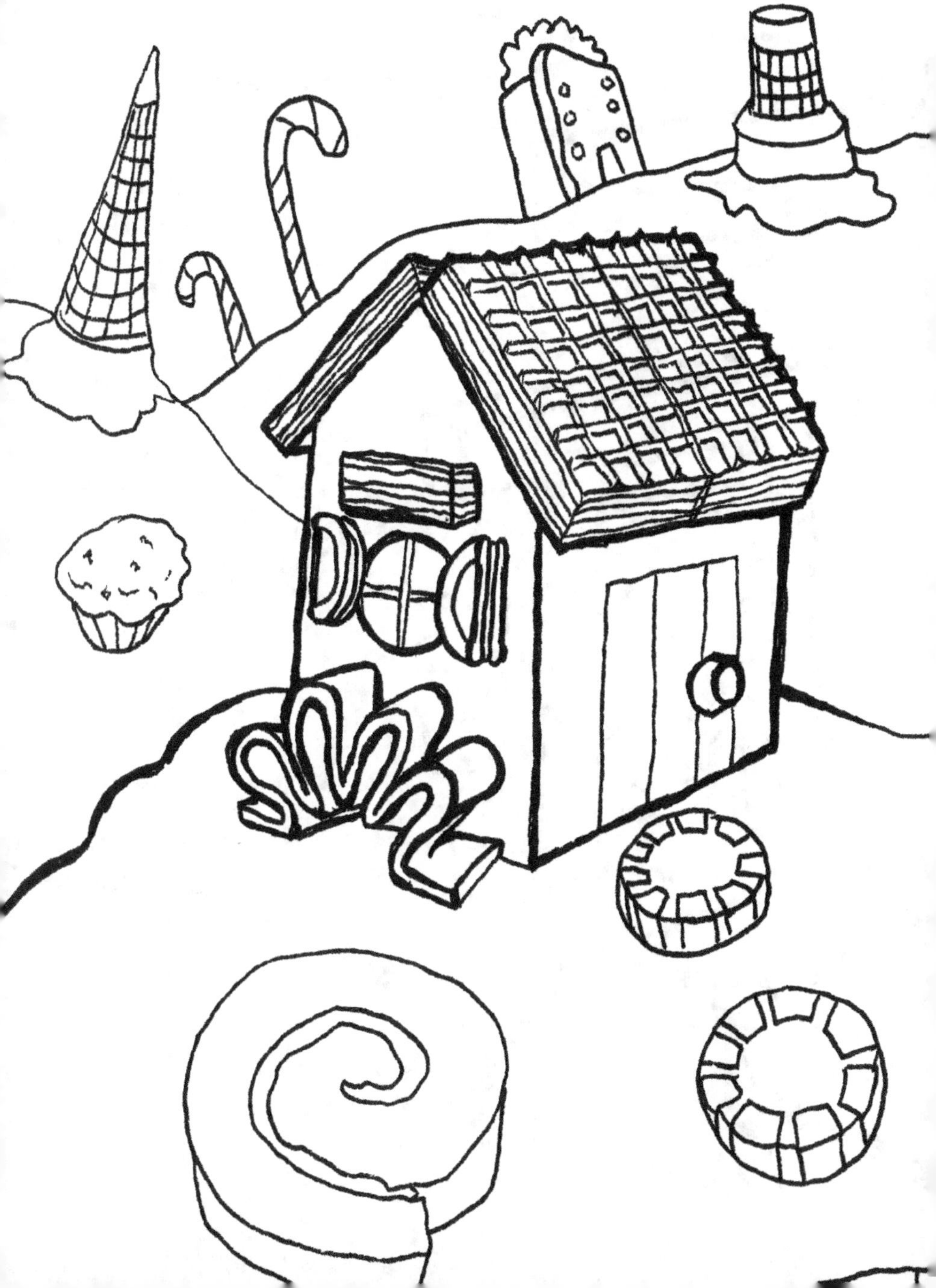

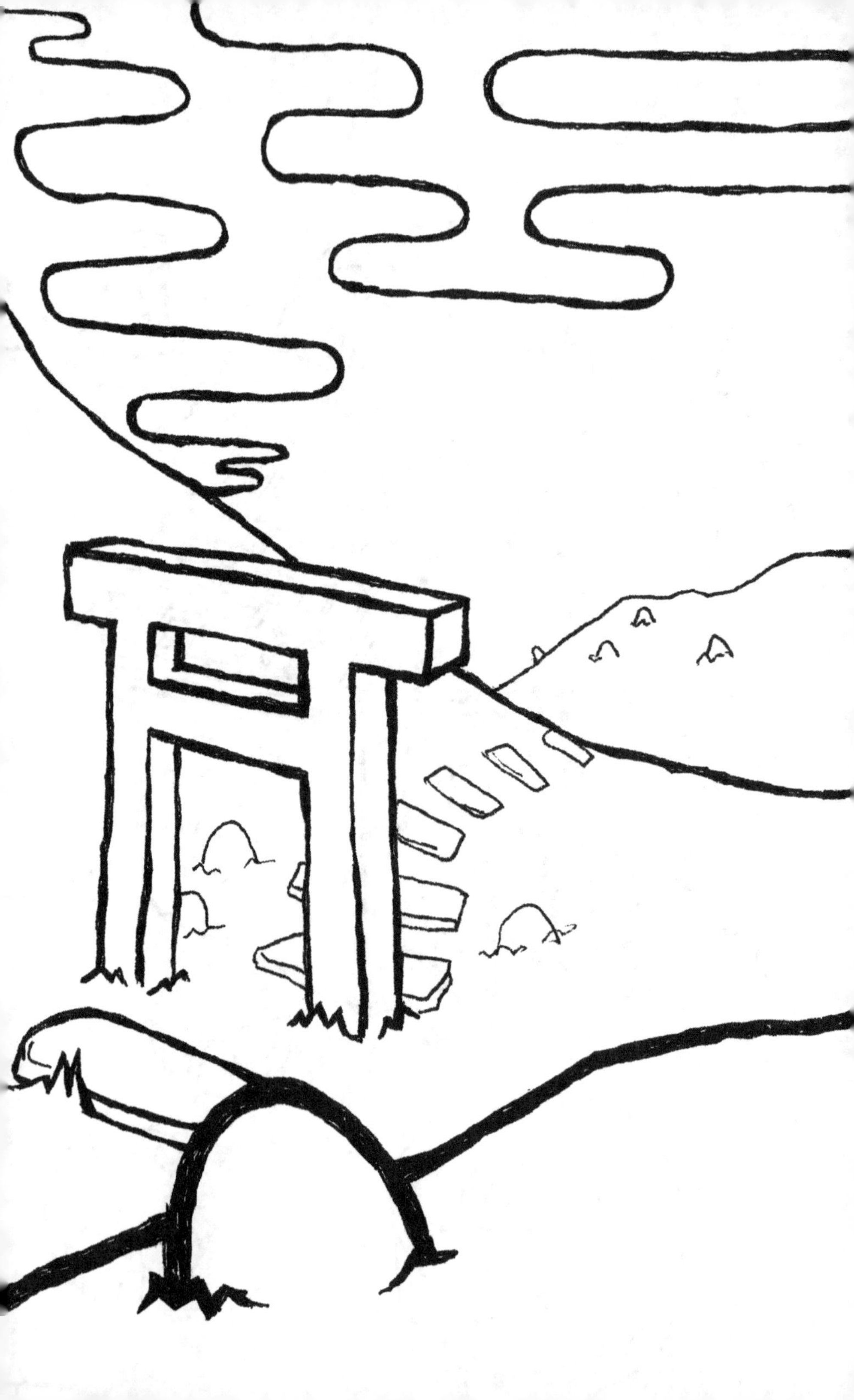

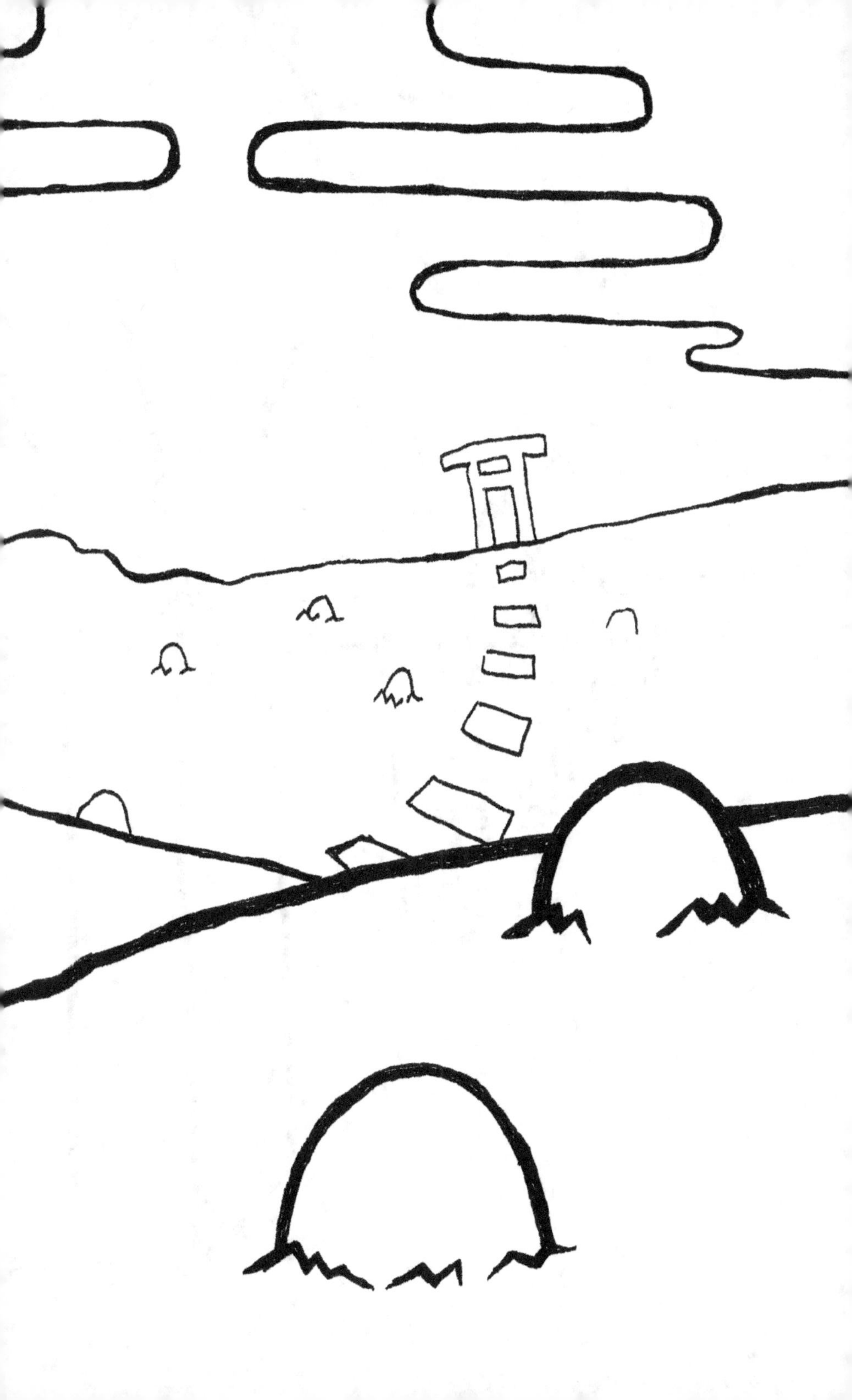

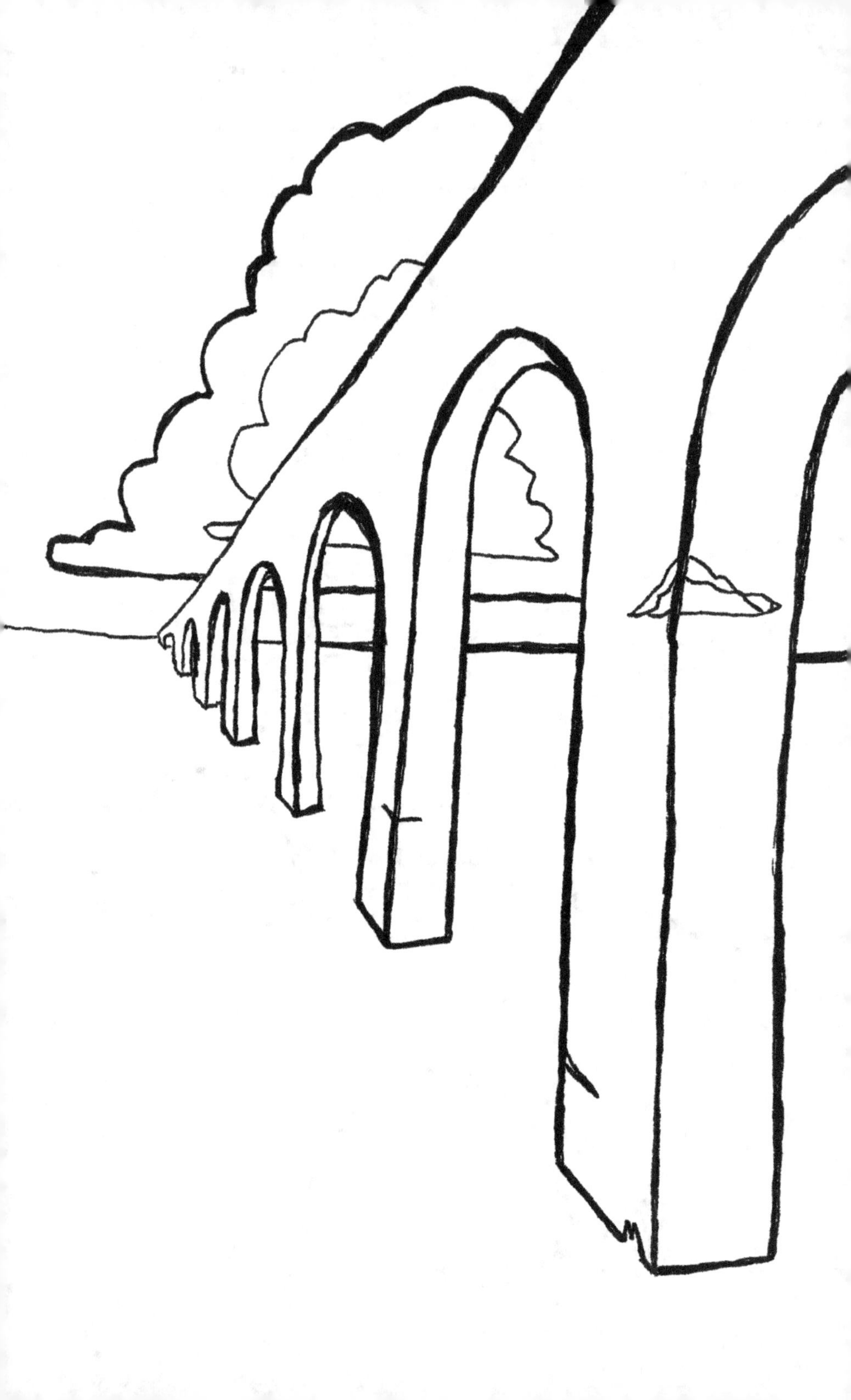

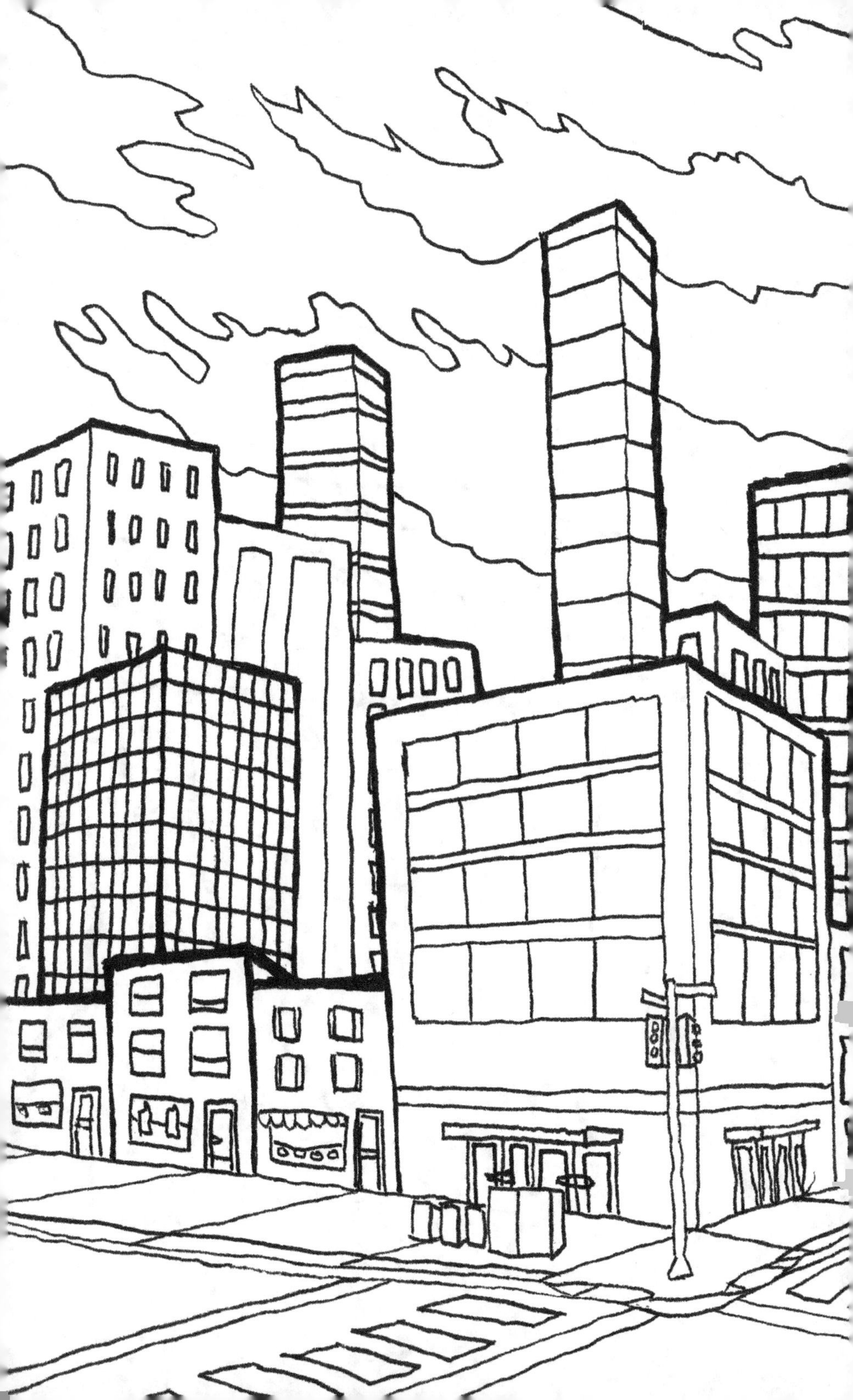

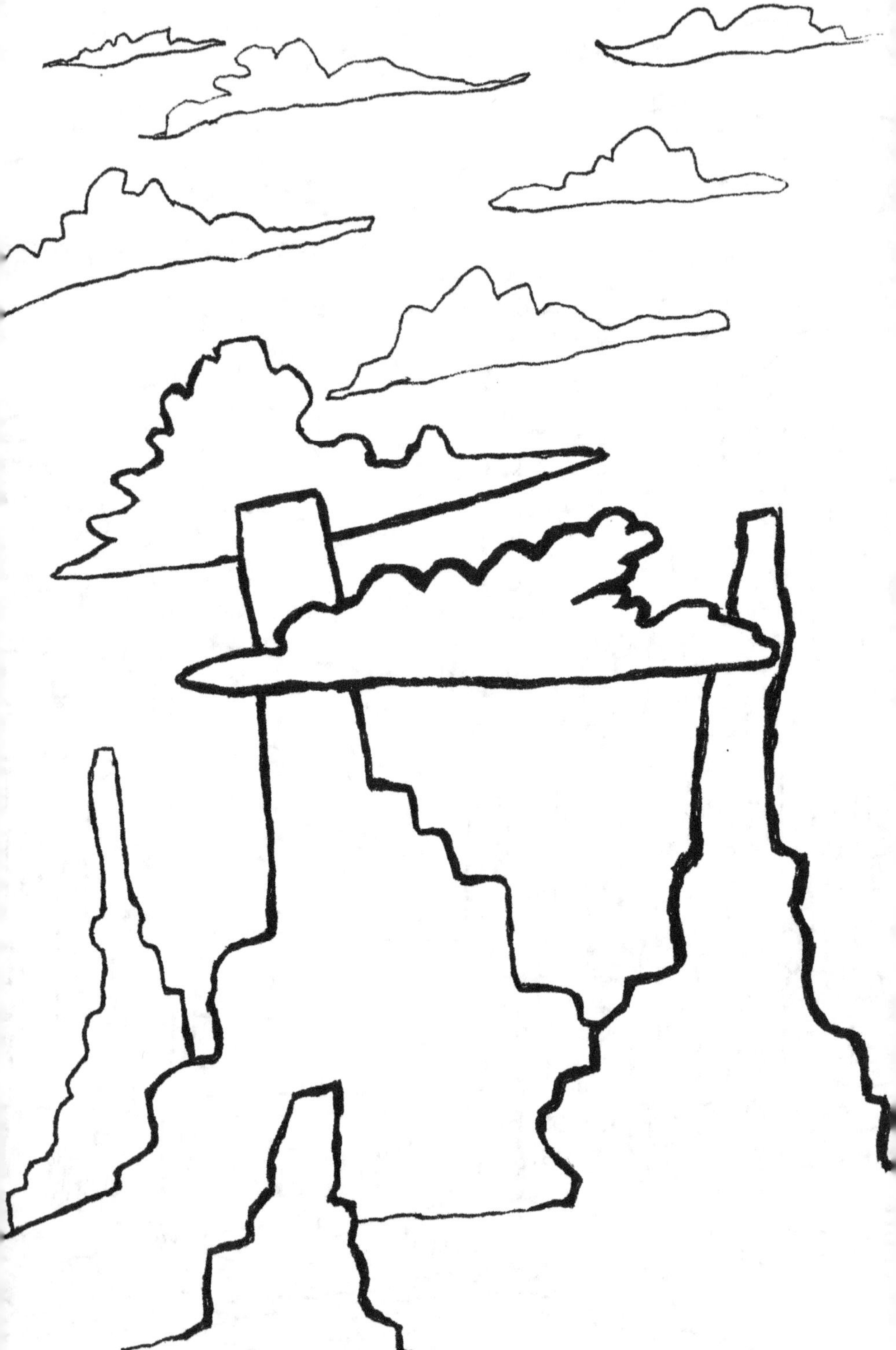

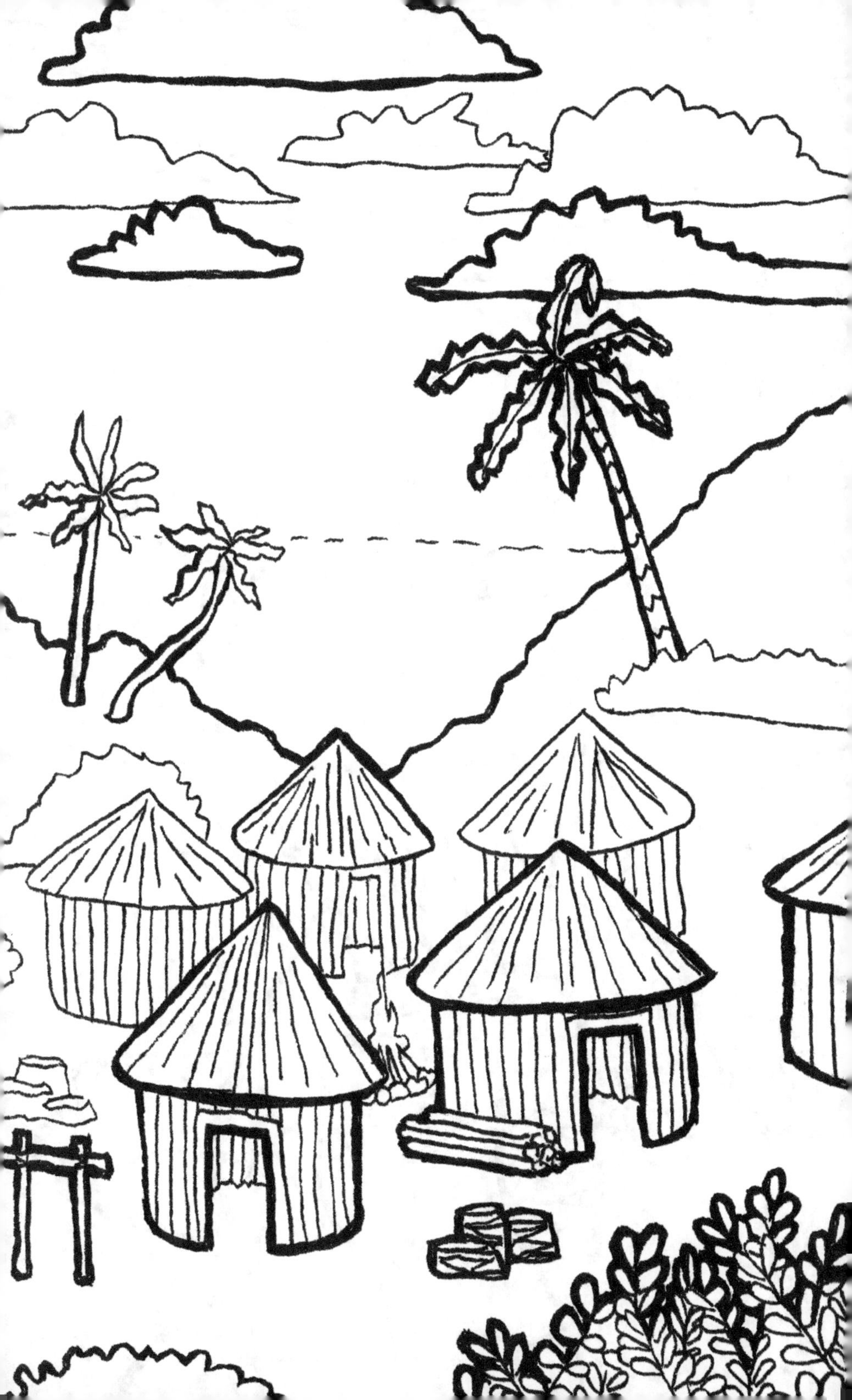

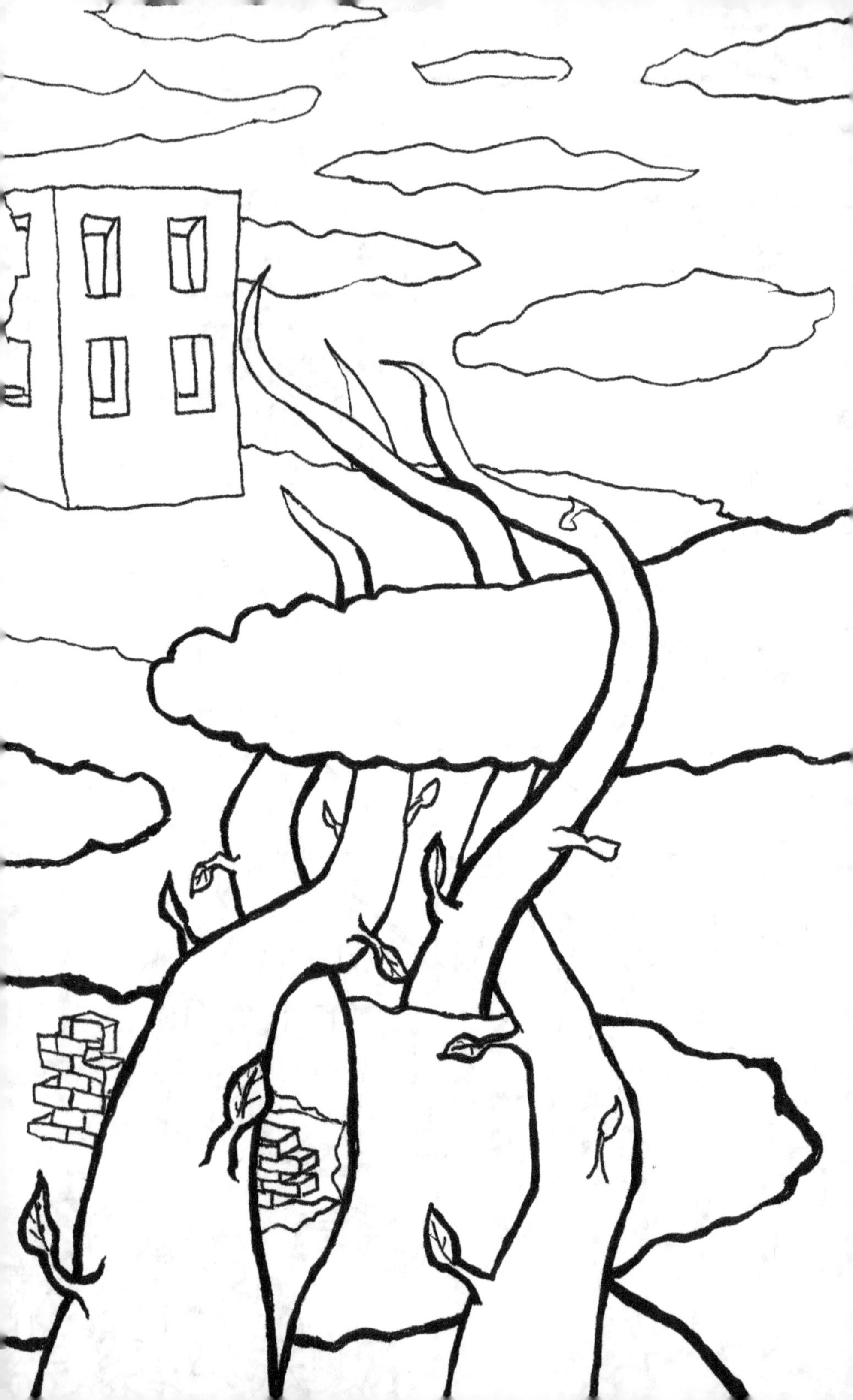

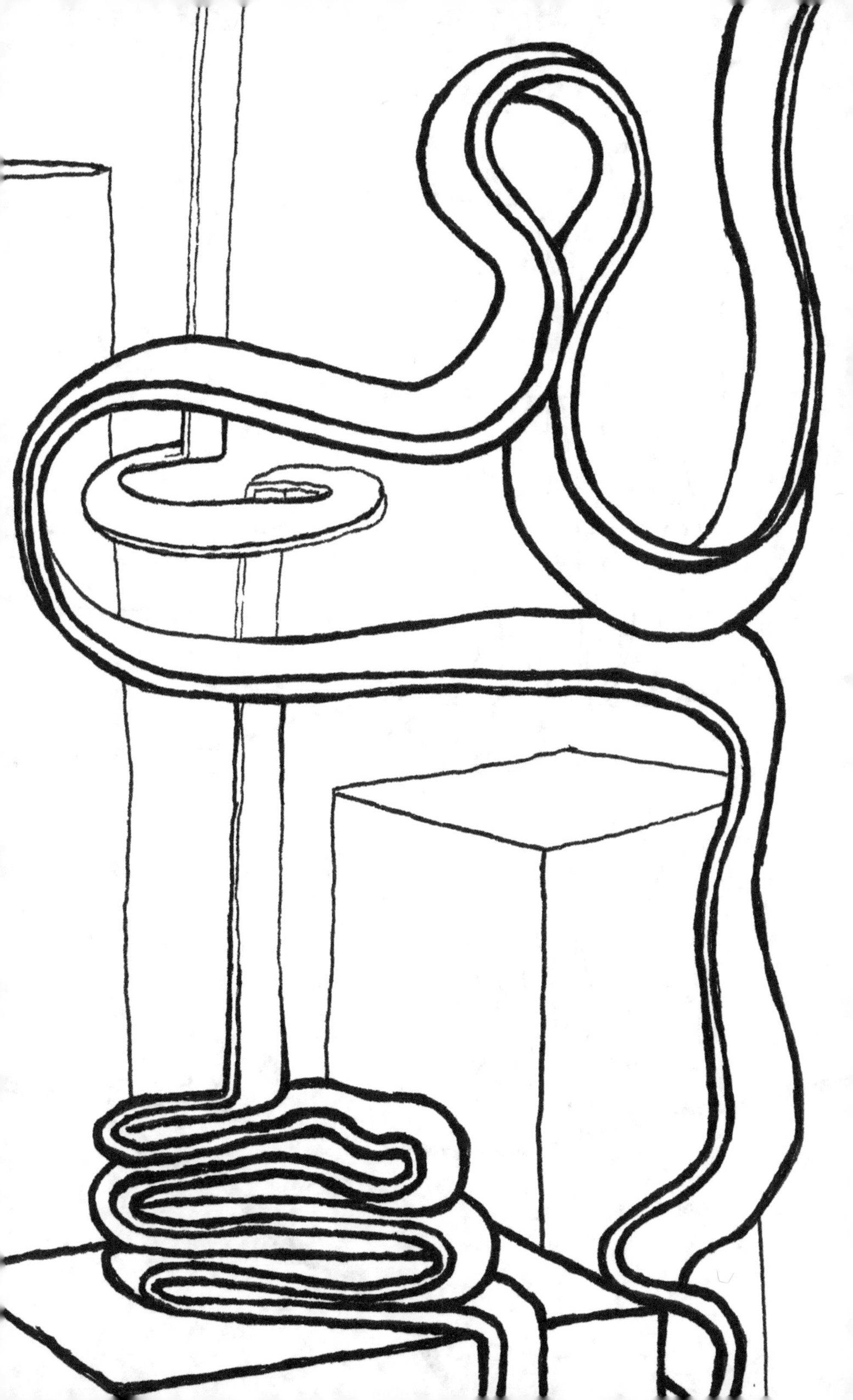

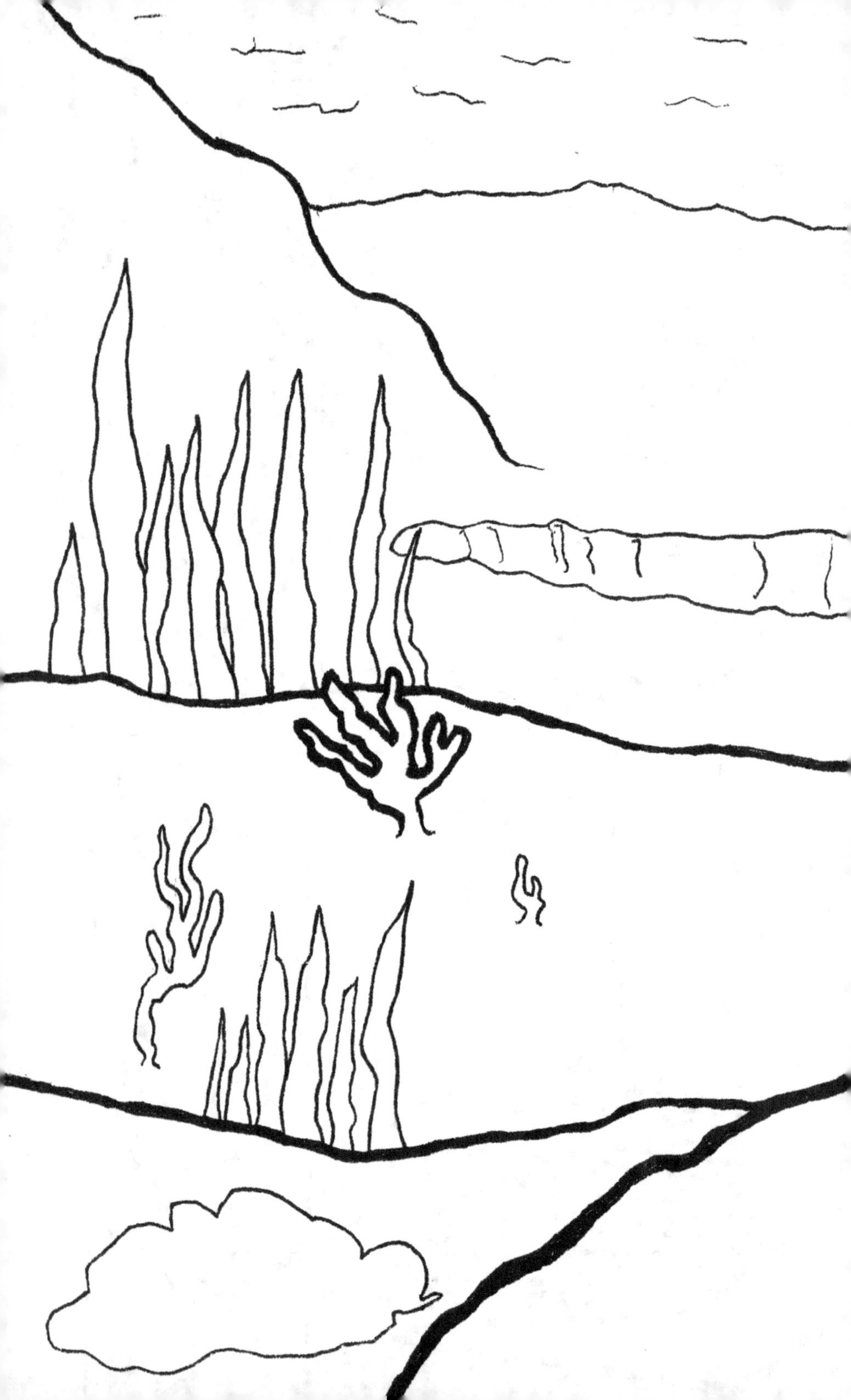

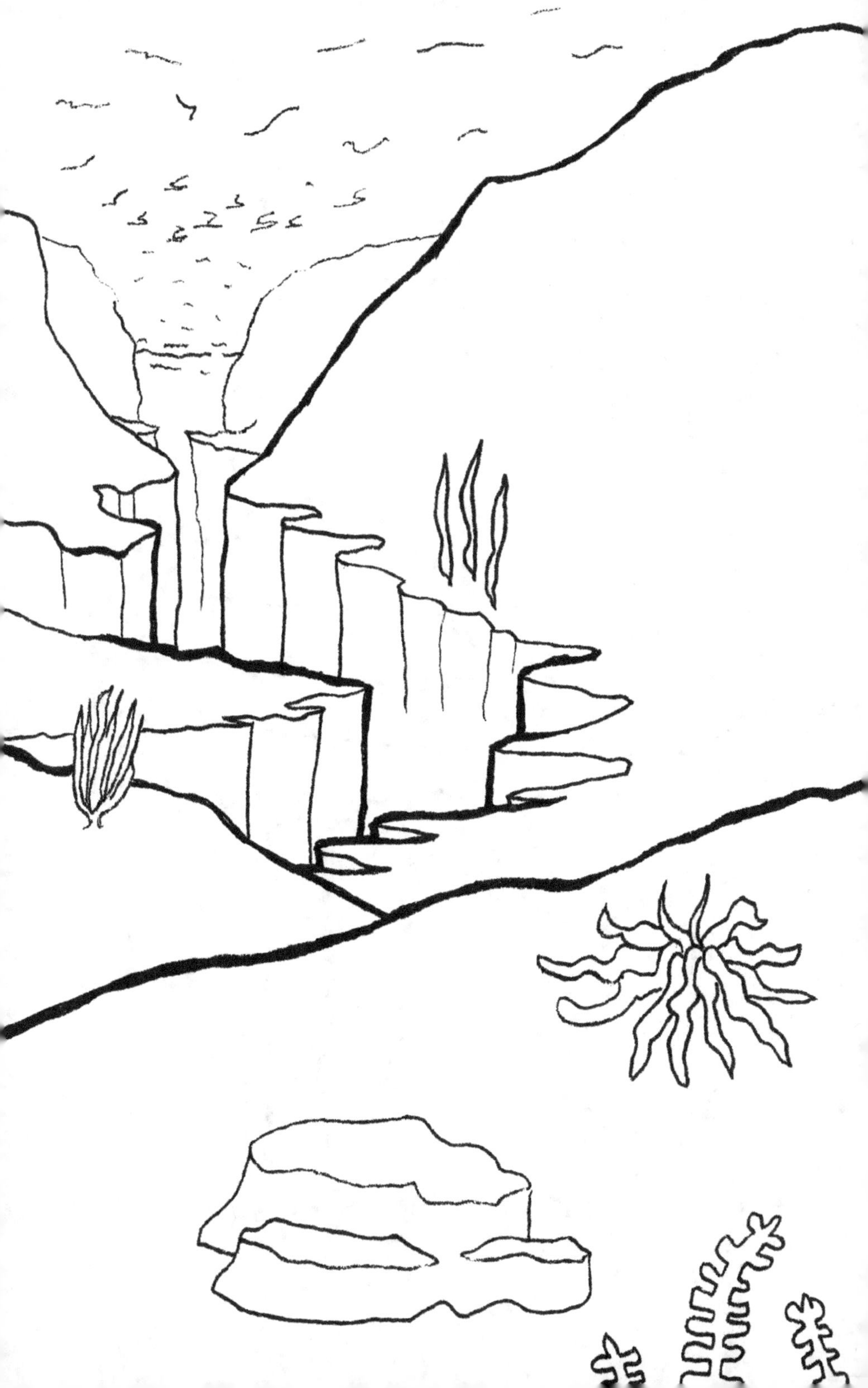

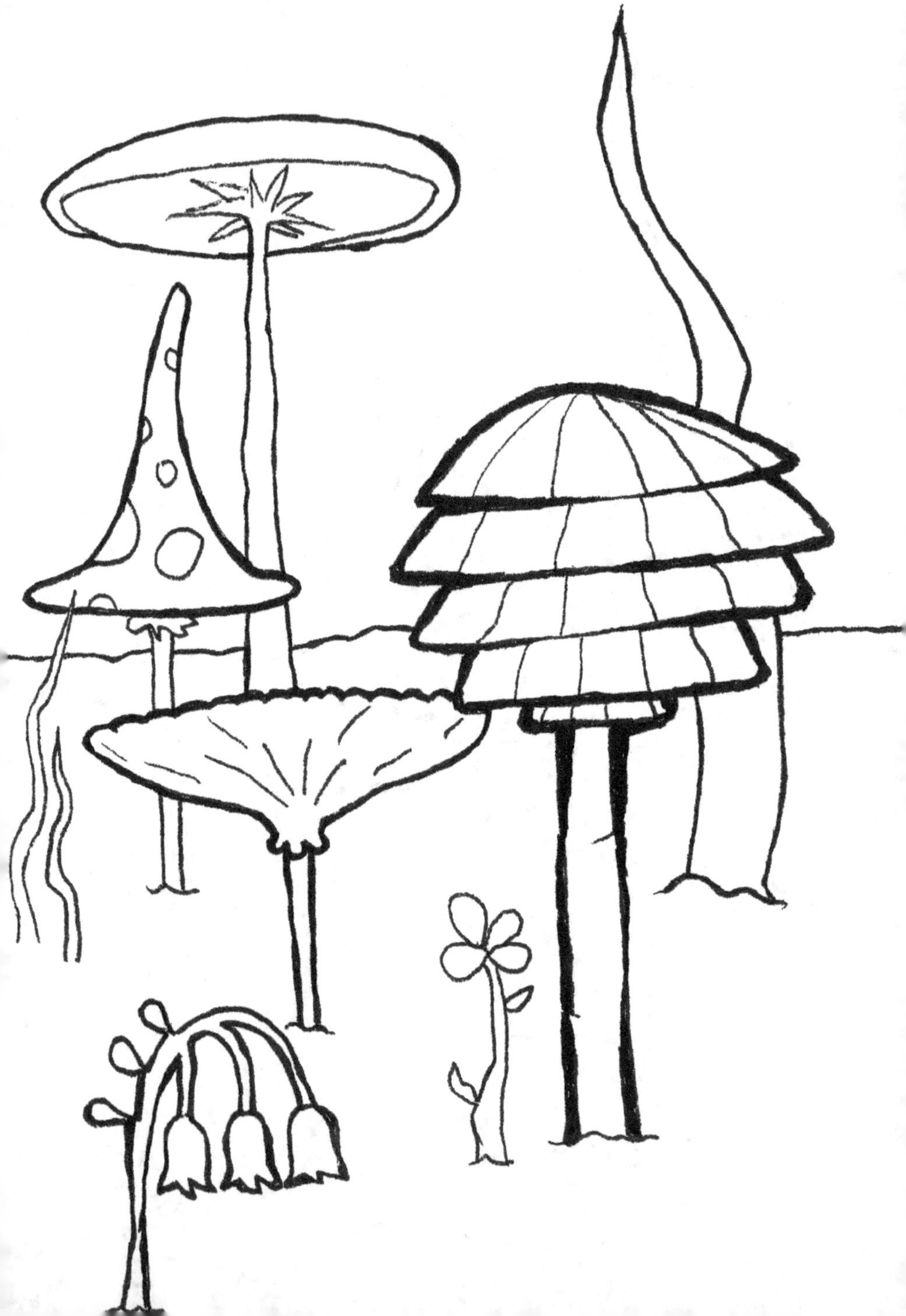

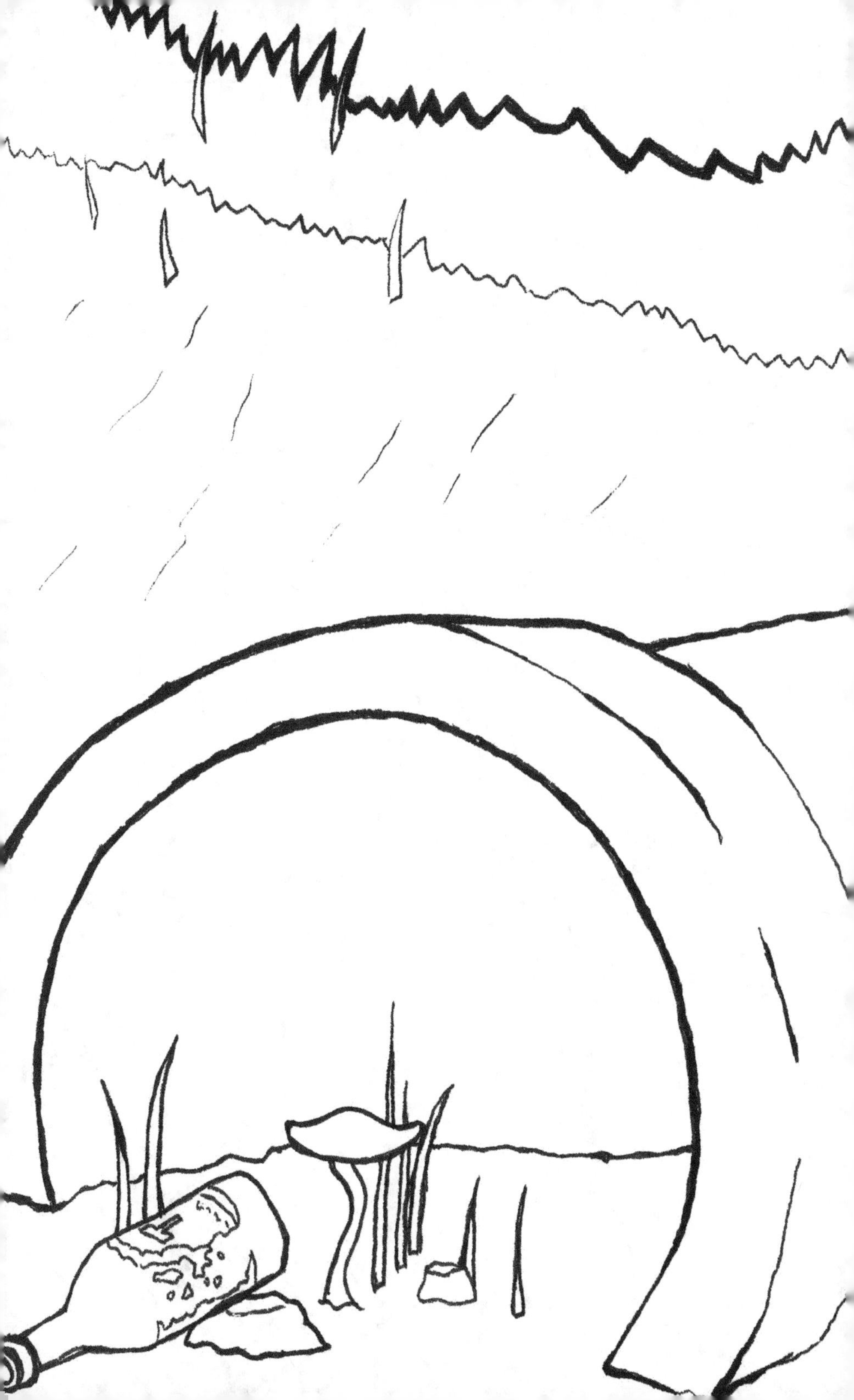

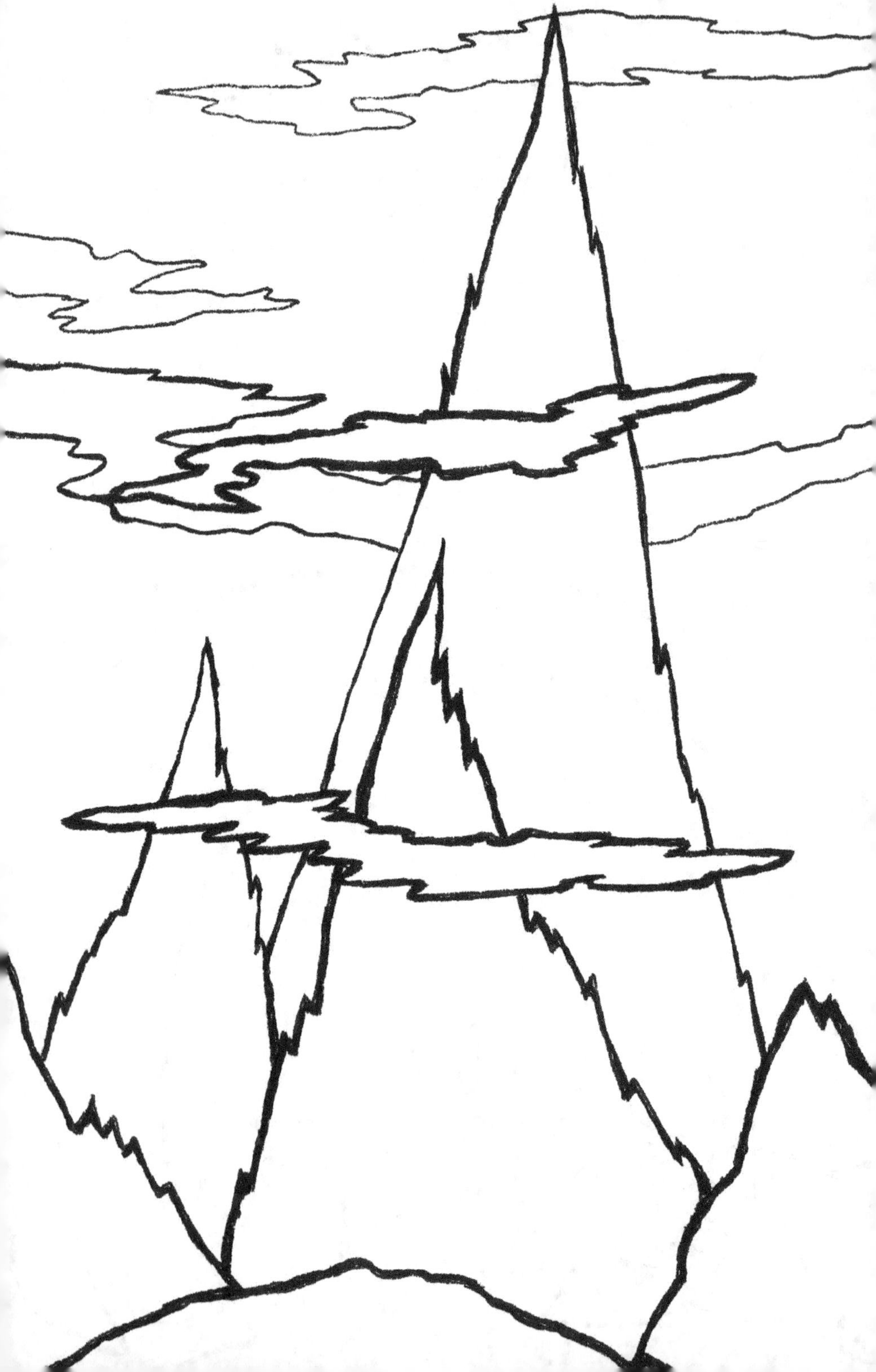

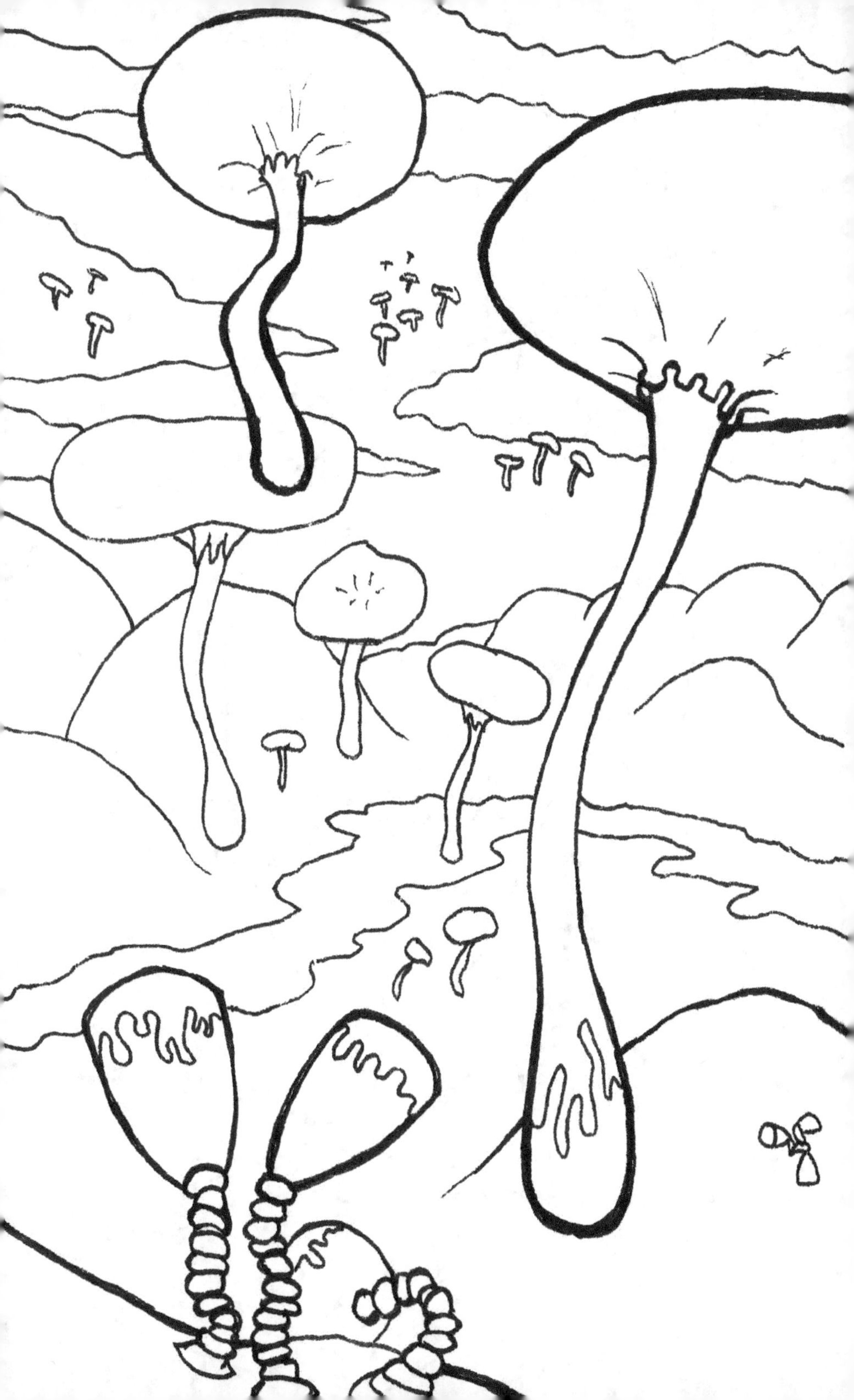

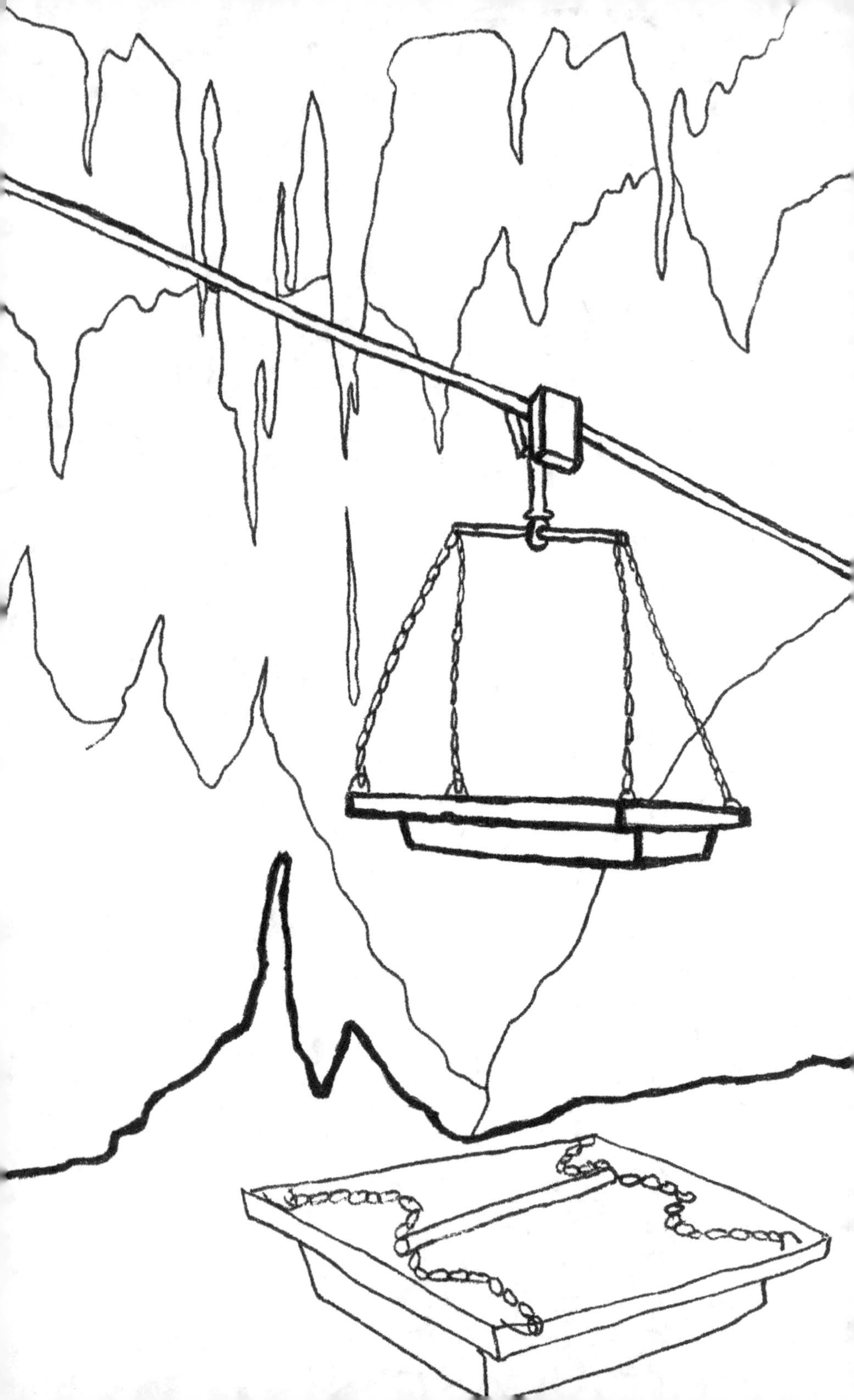

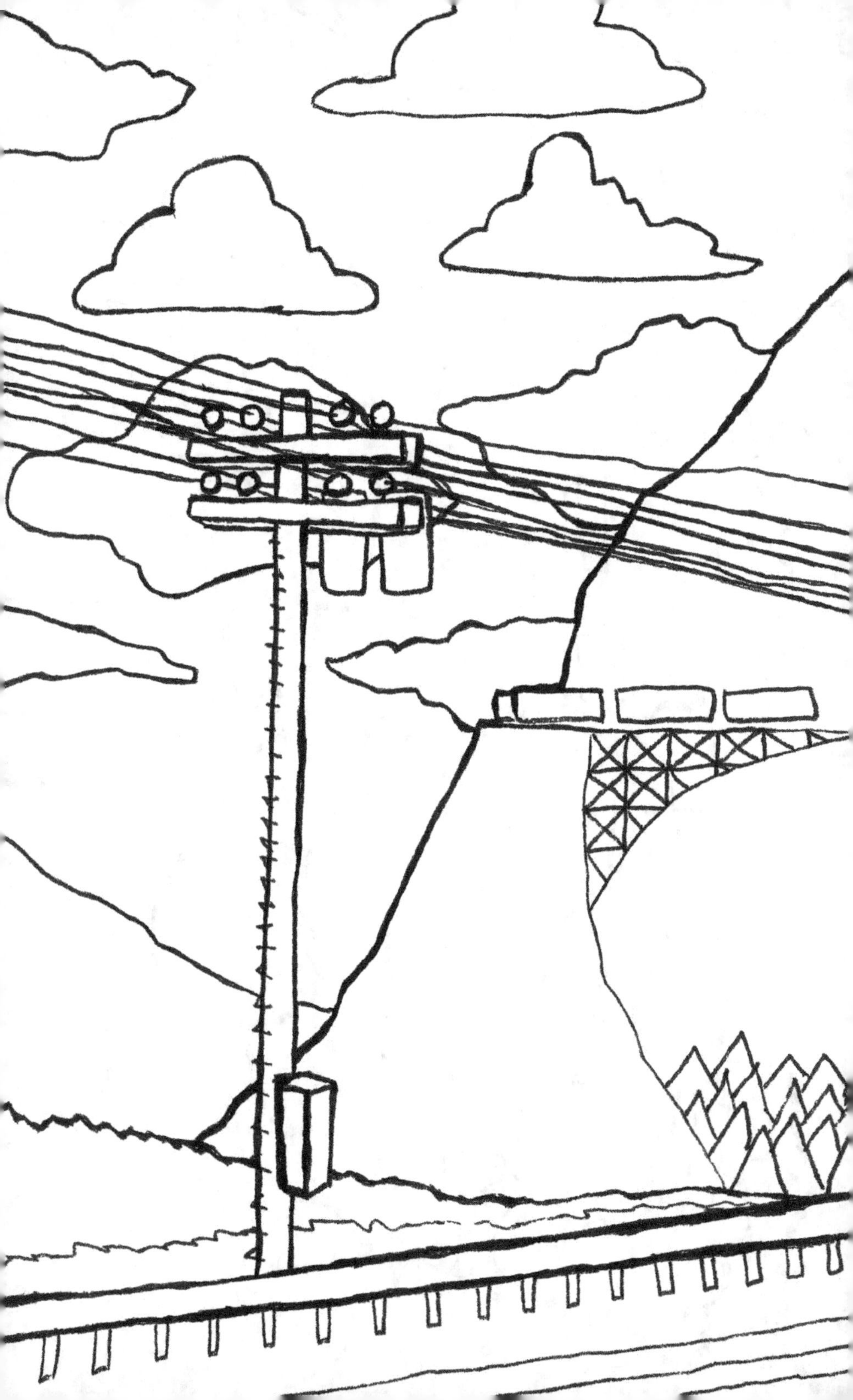

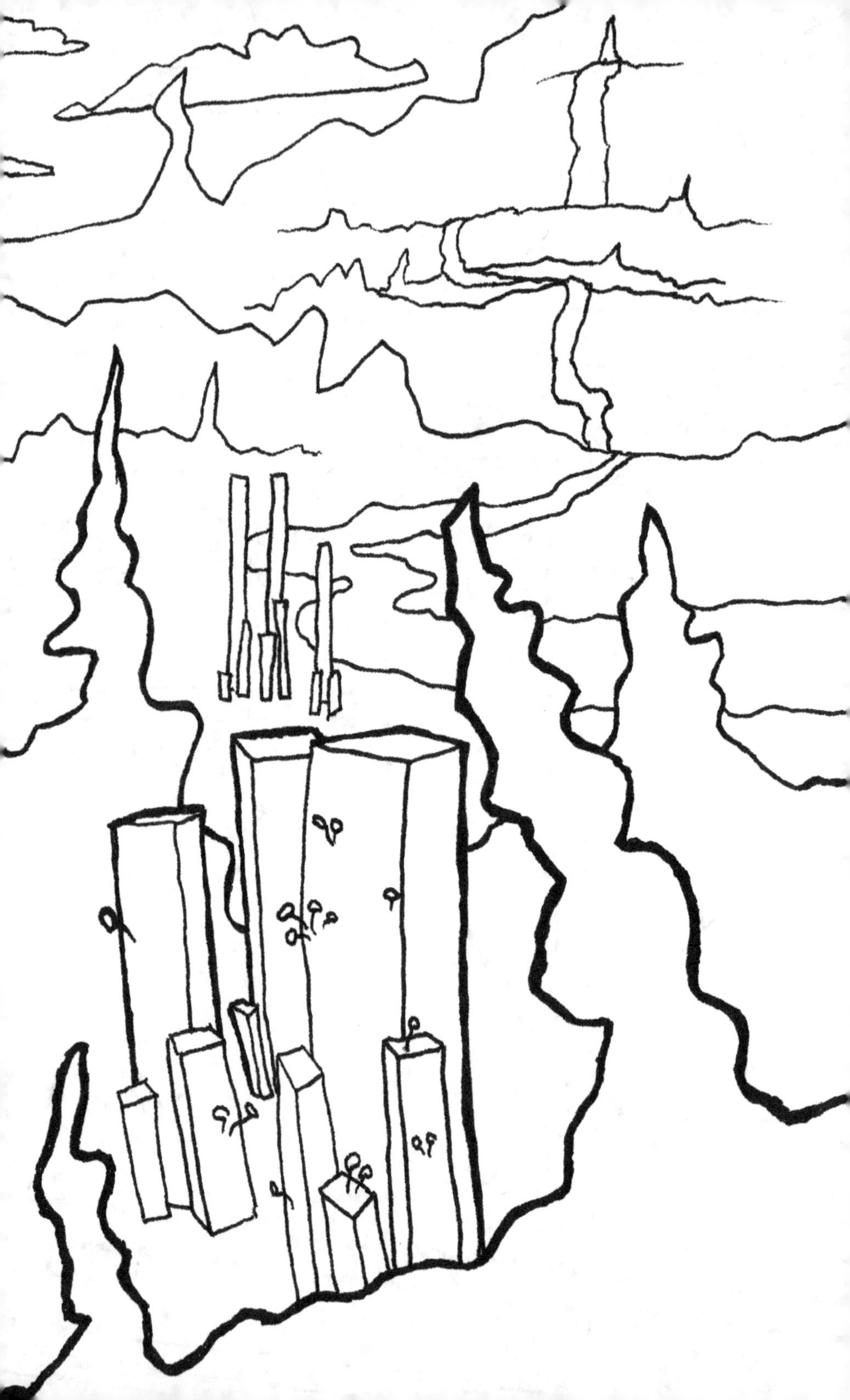

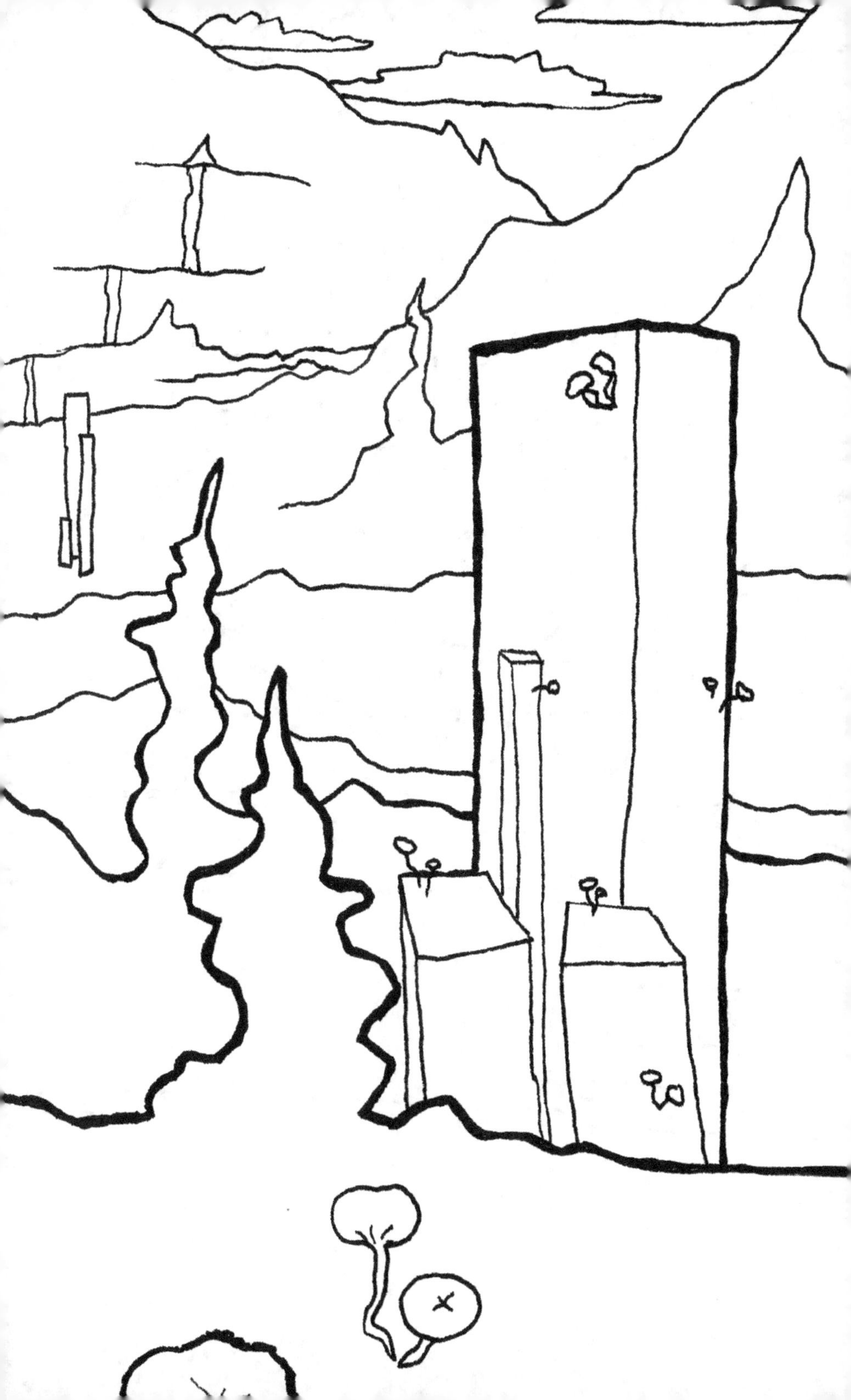

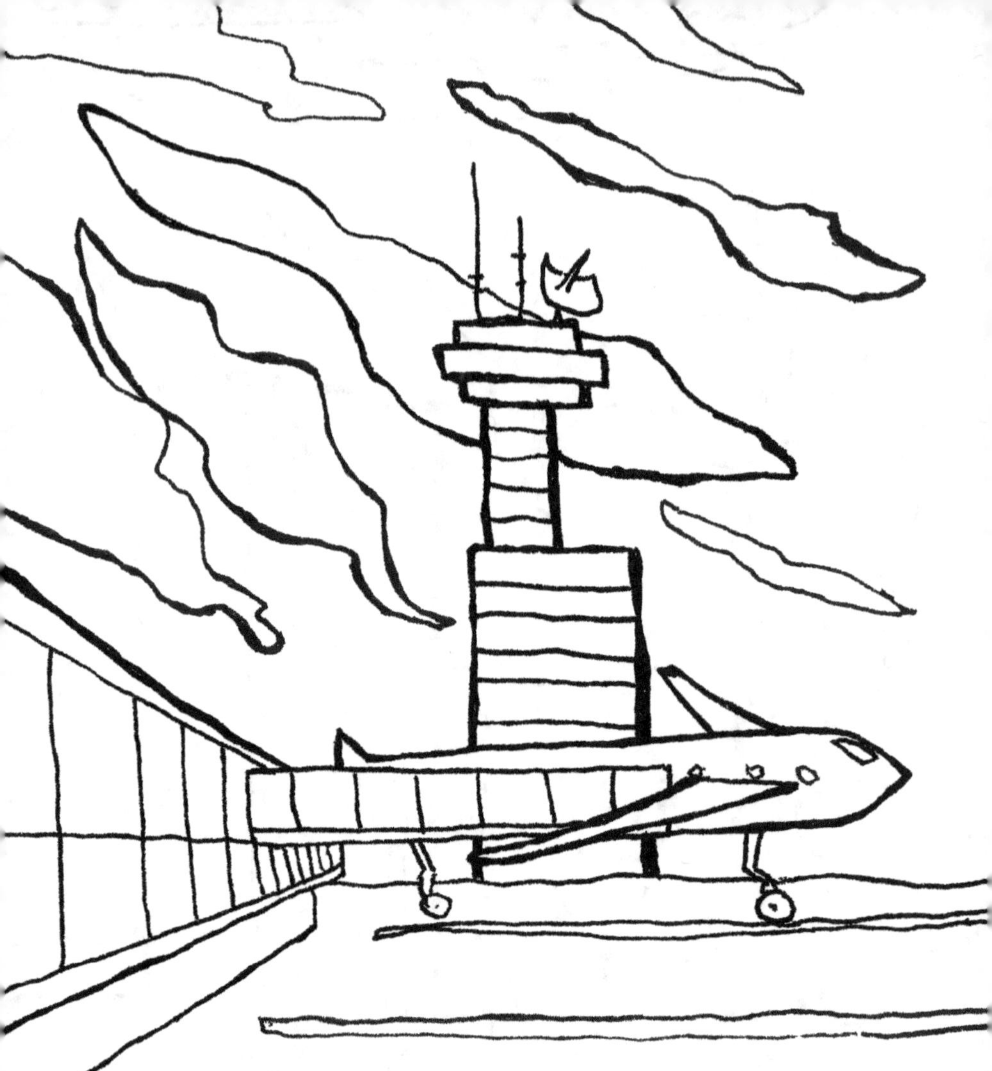

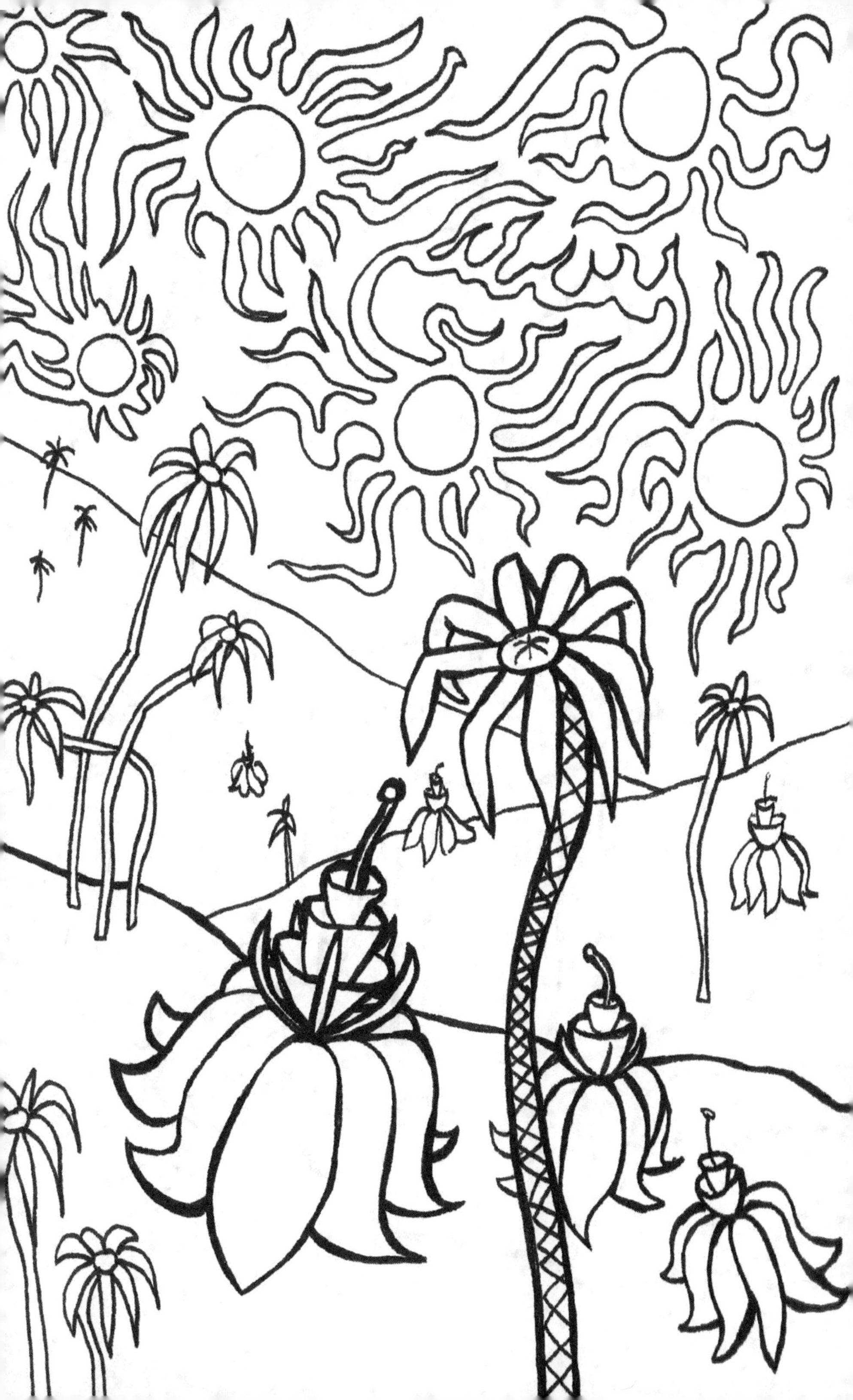

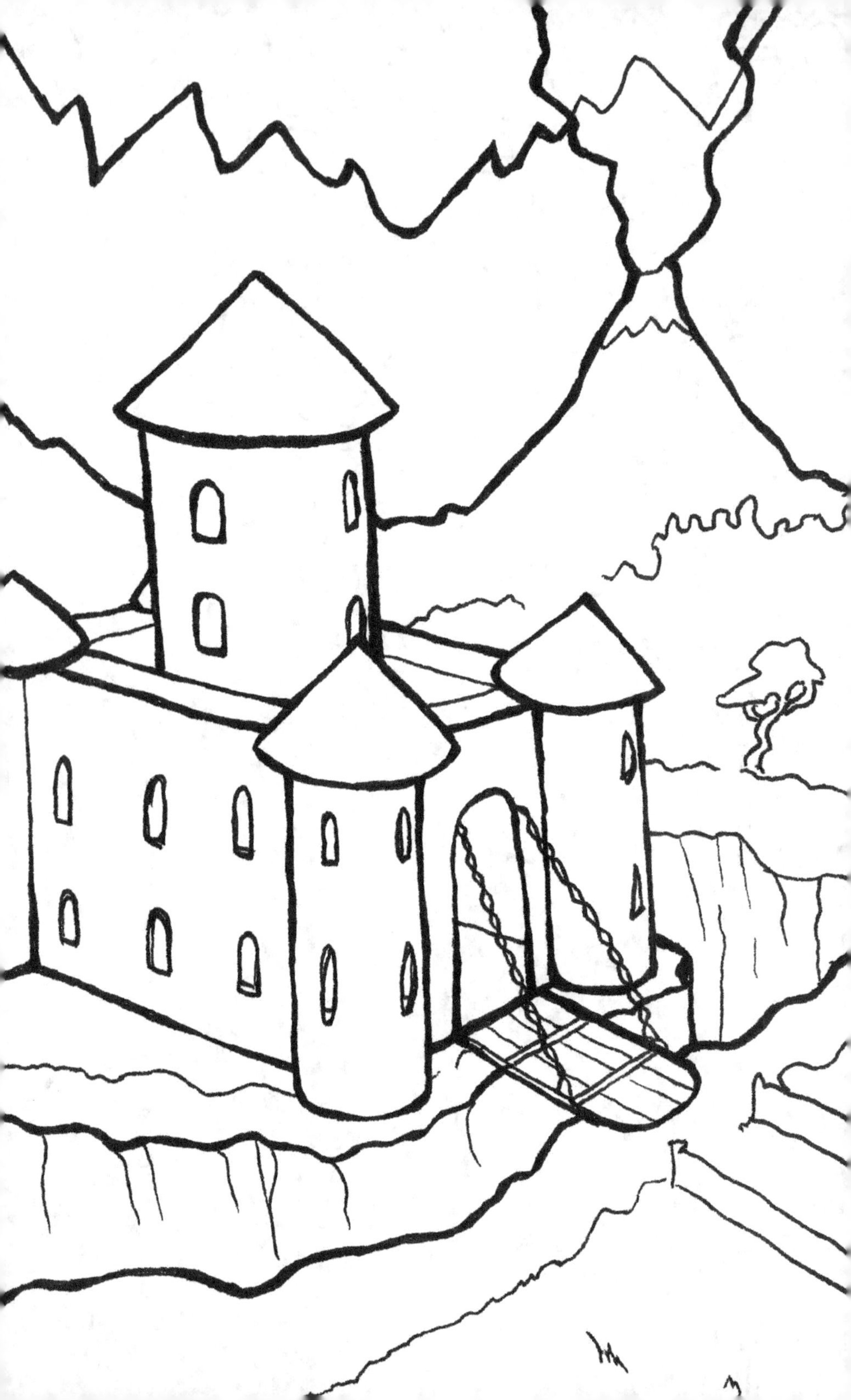

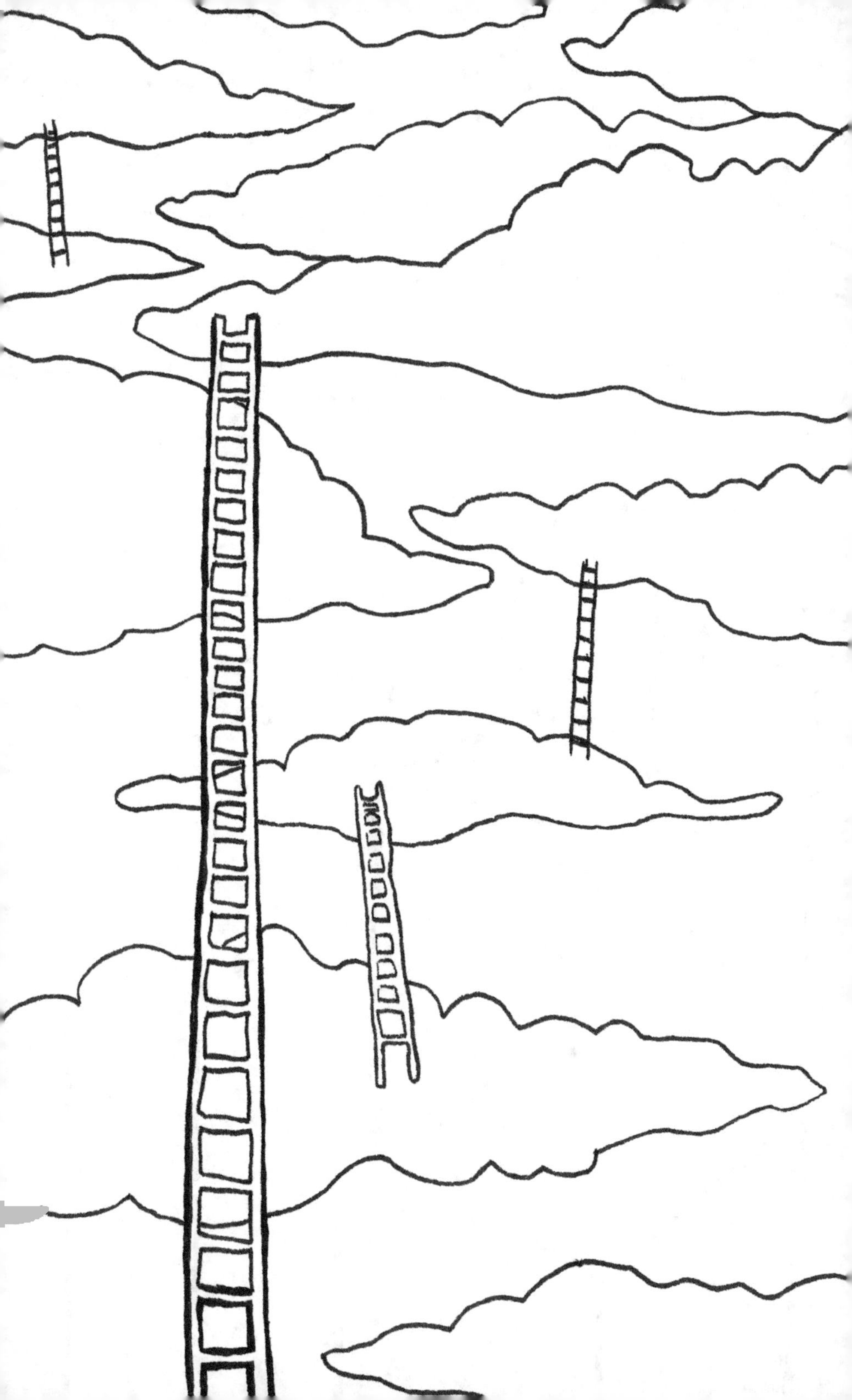

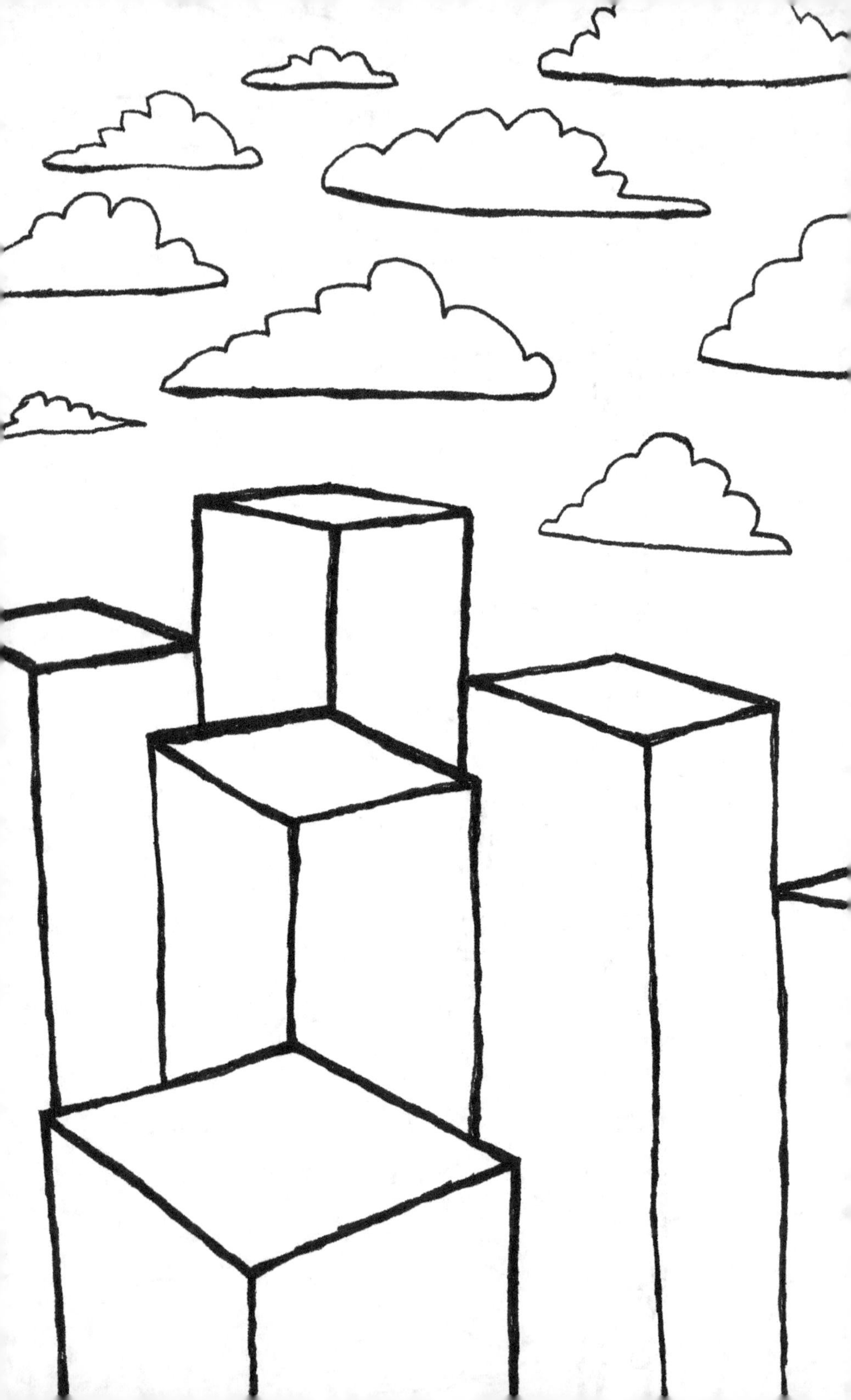

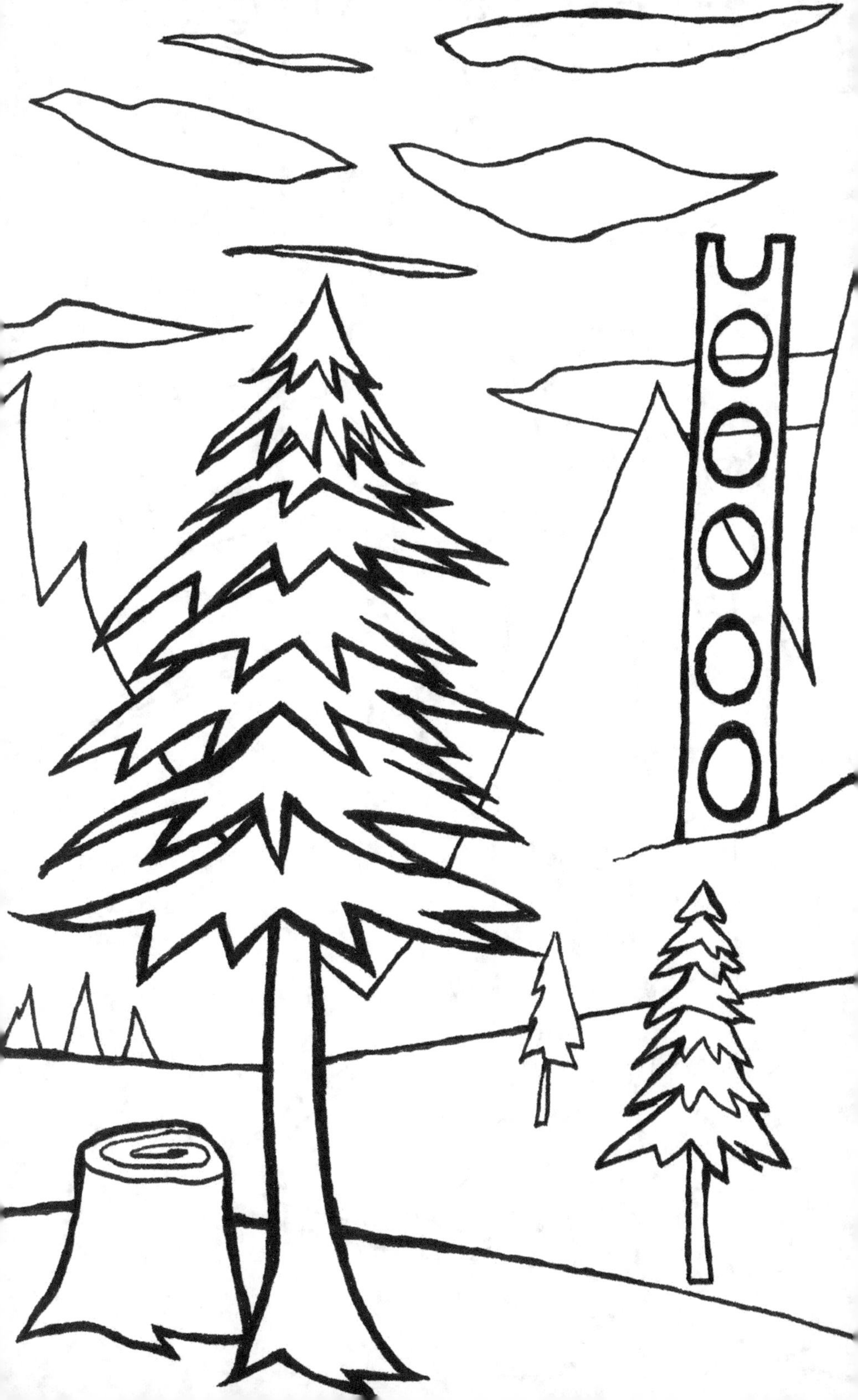

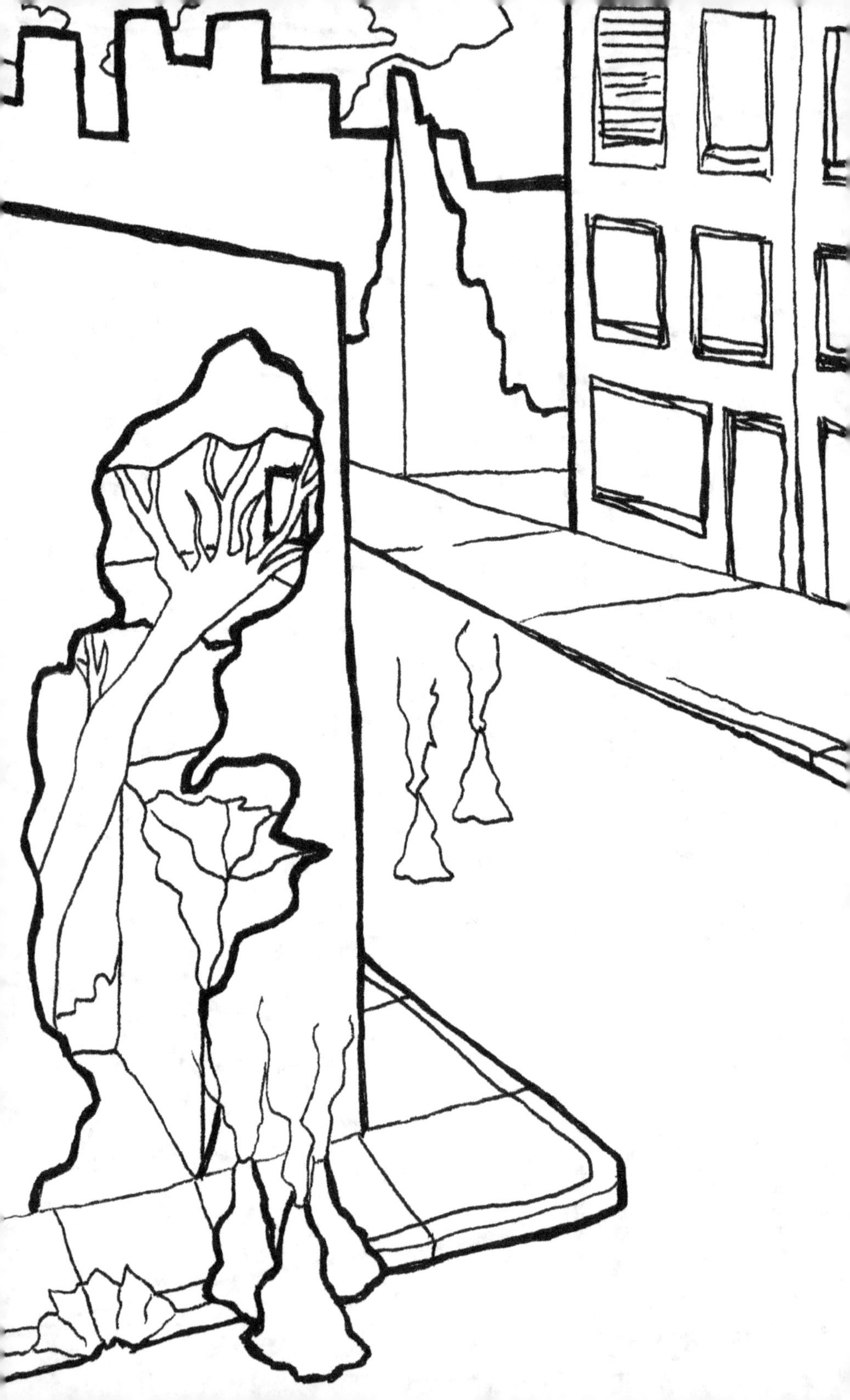

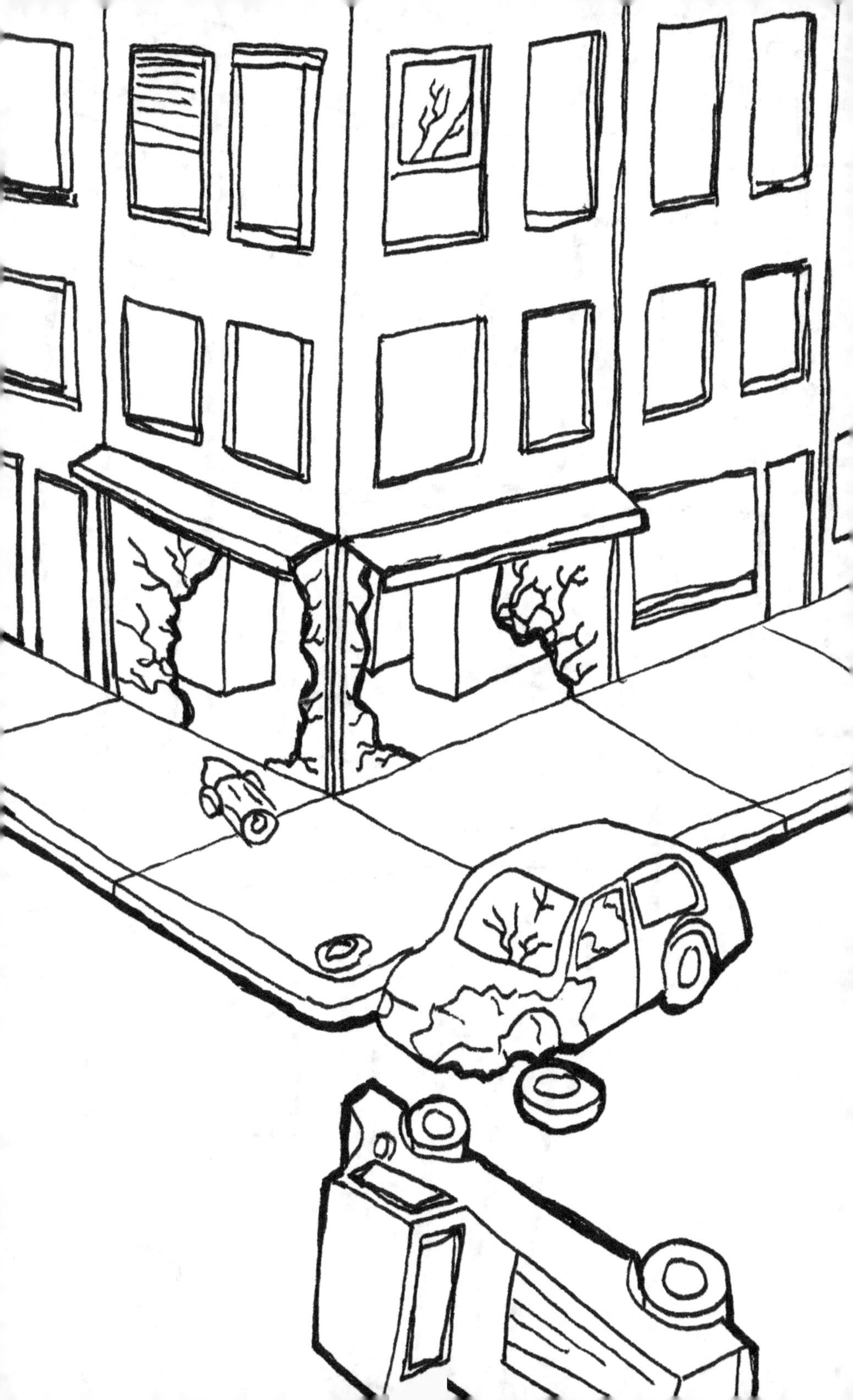

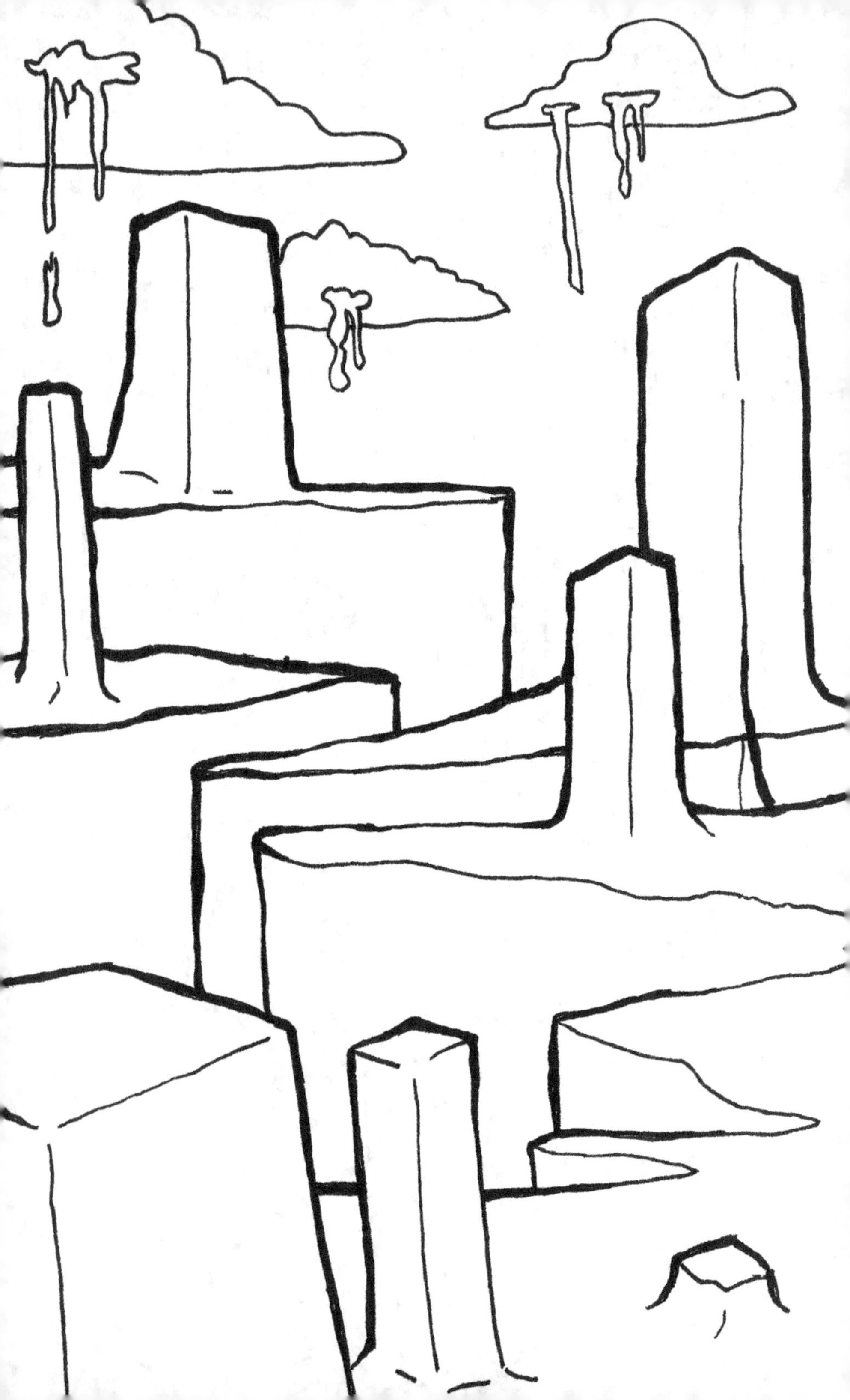

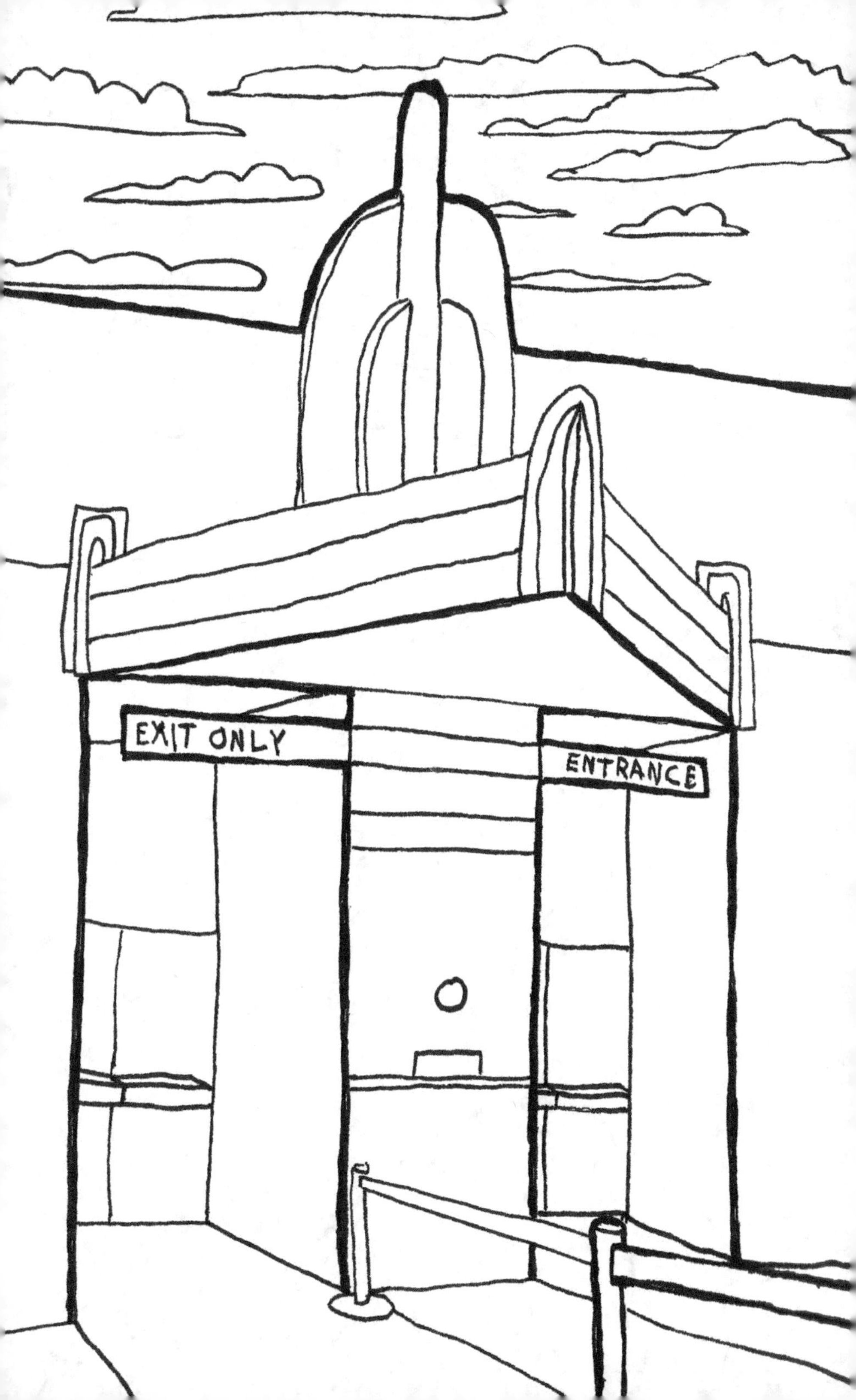
EXIT ONLY
ENTRANCE

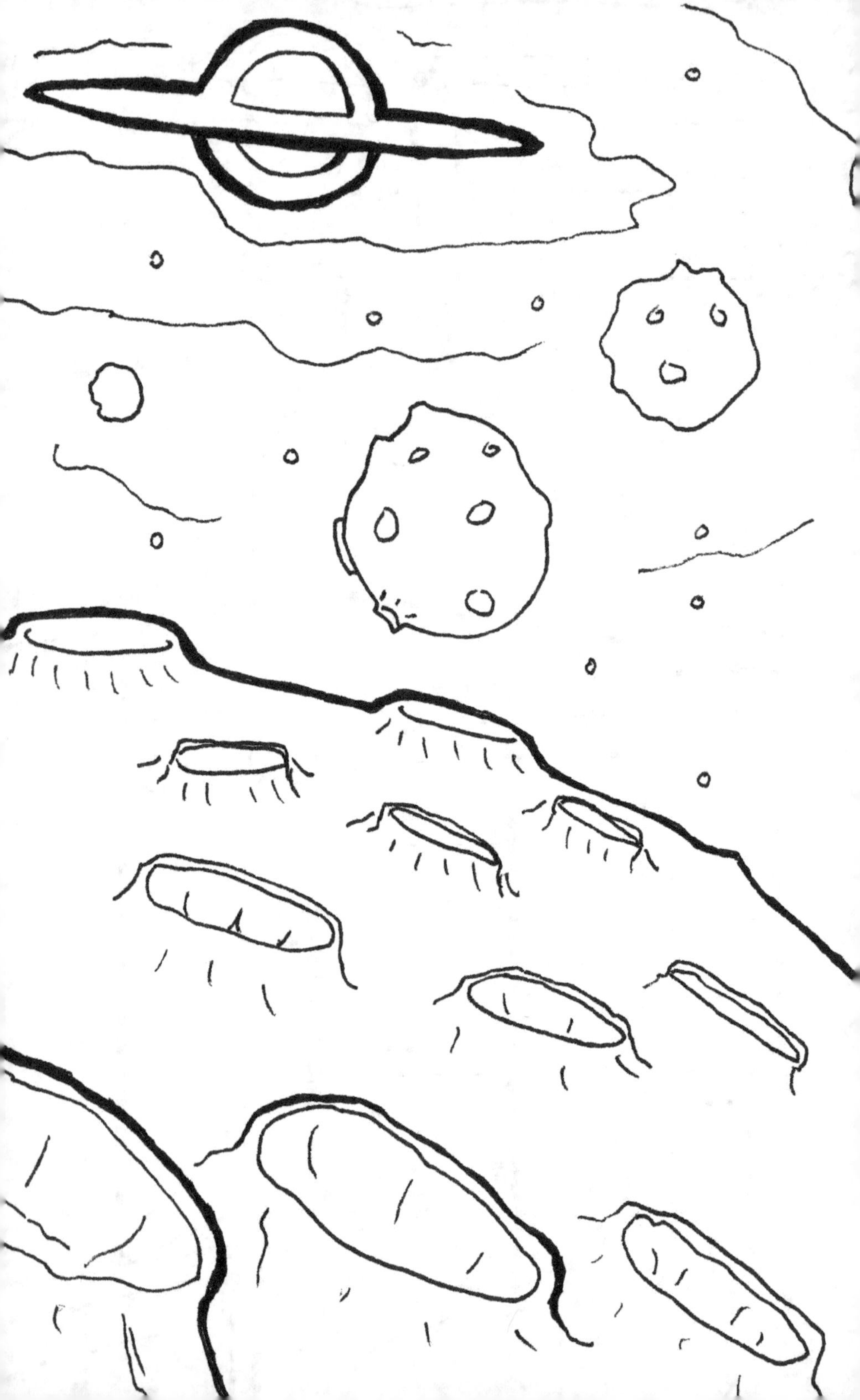

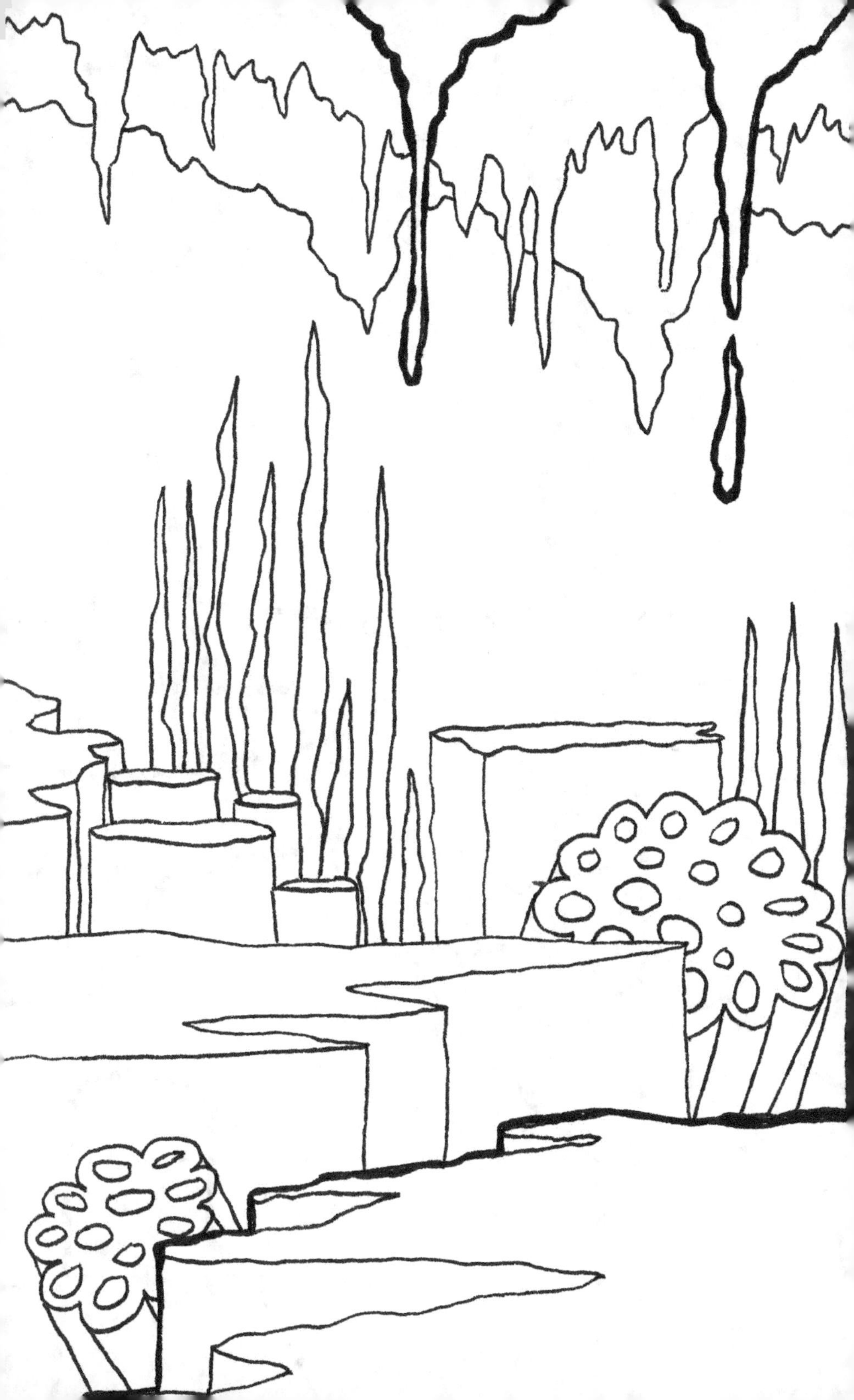

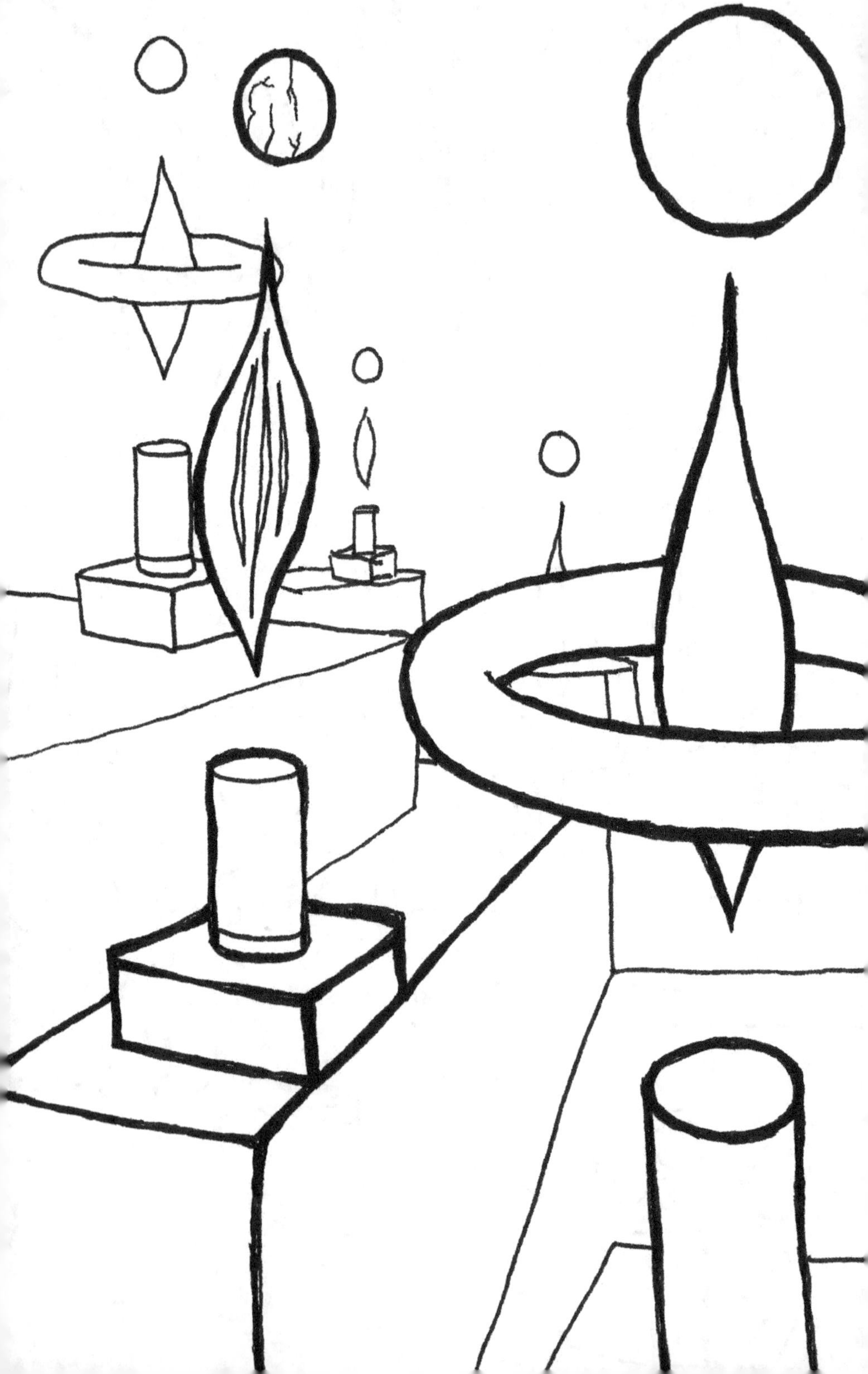

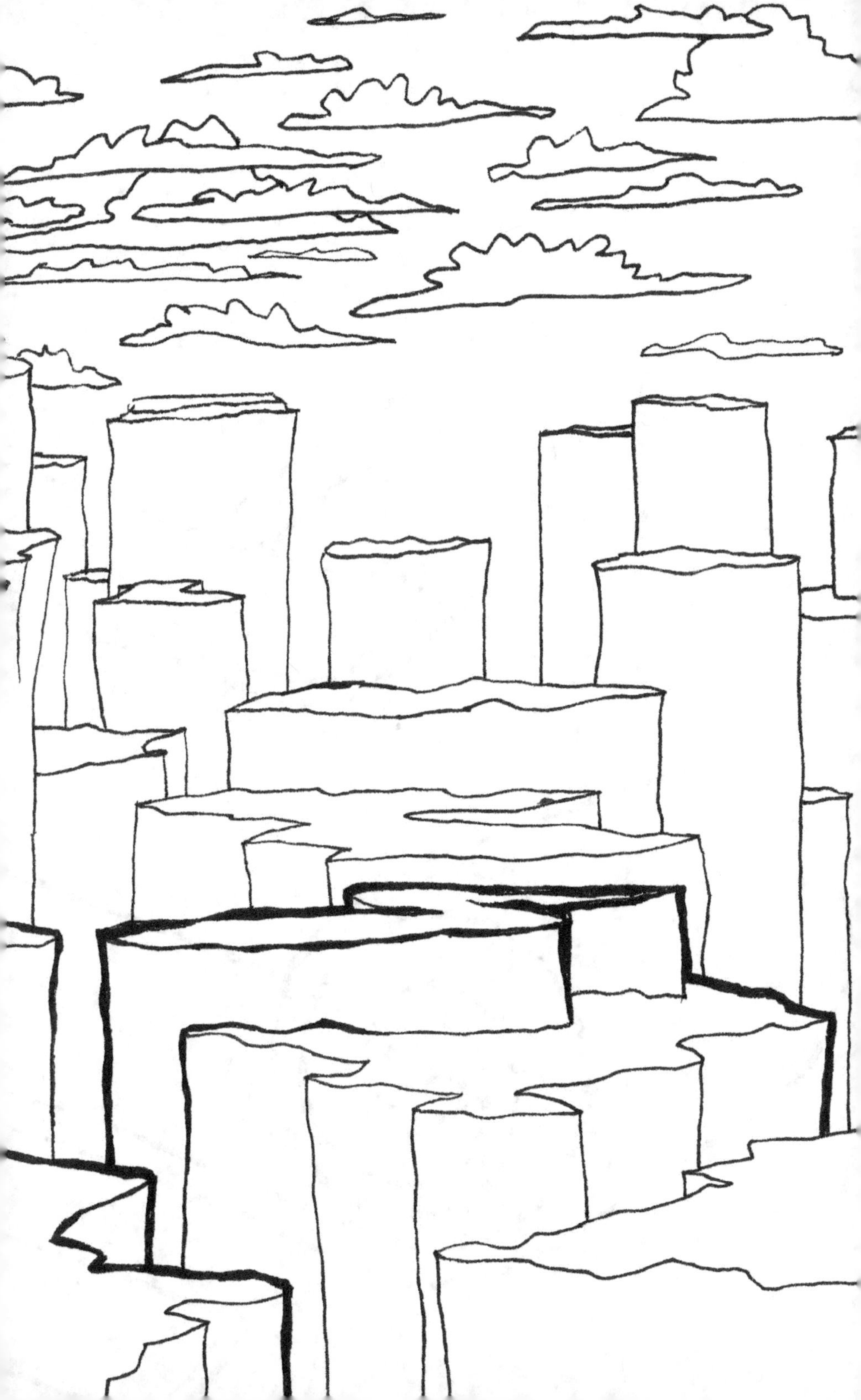

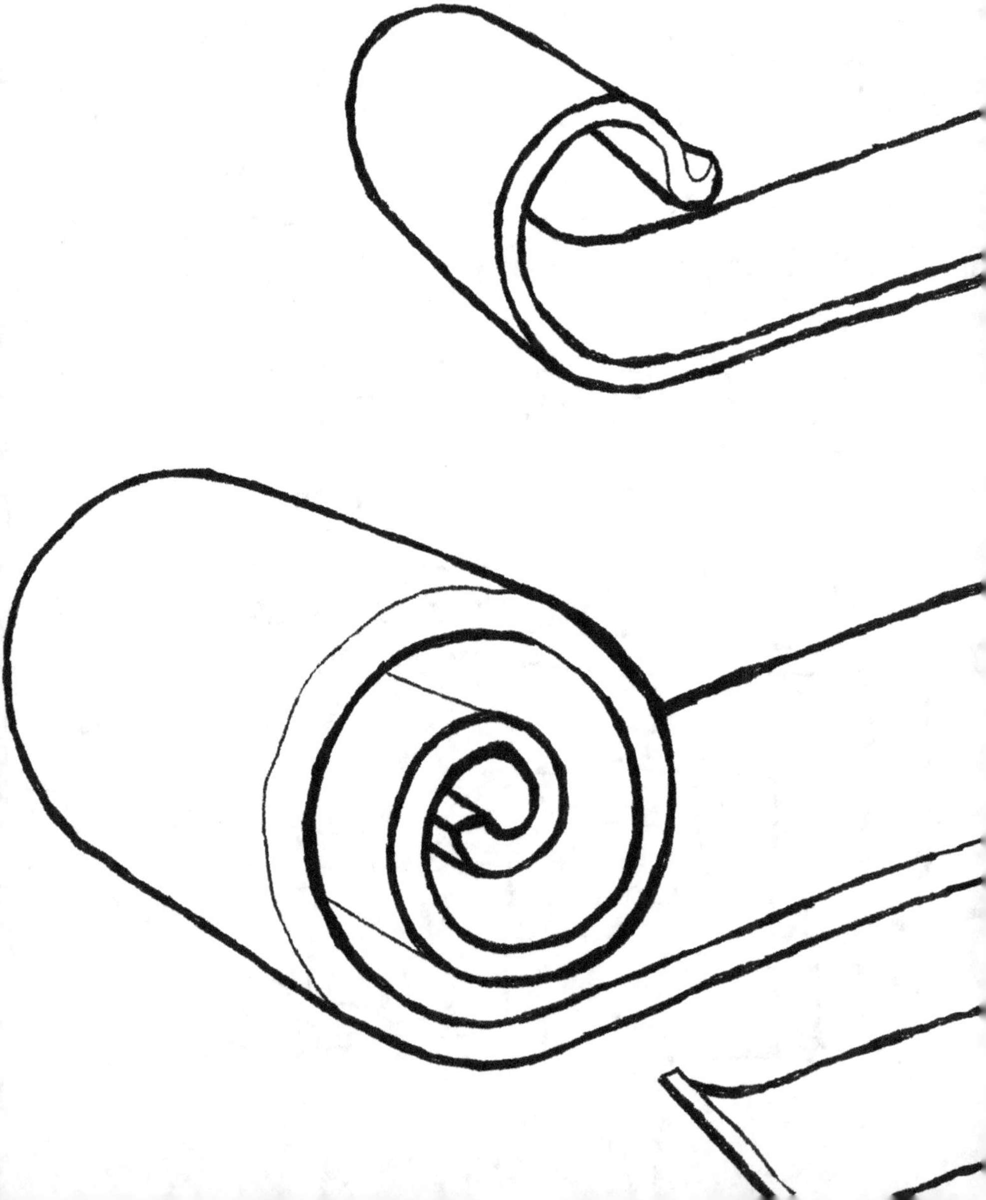

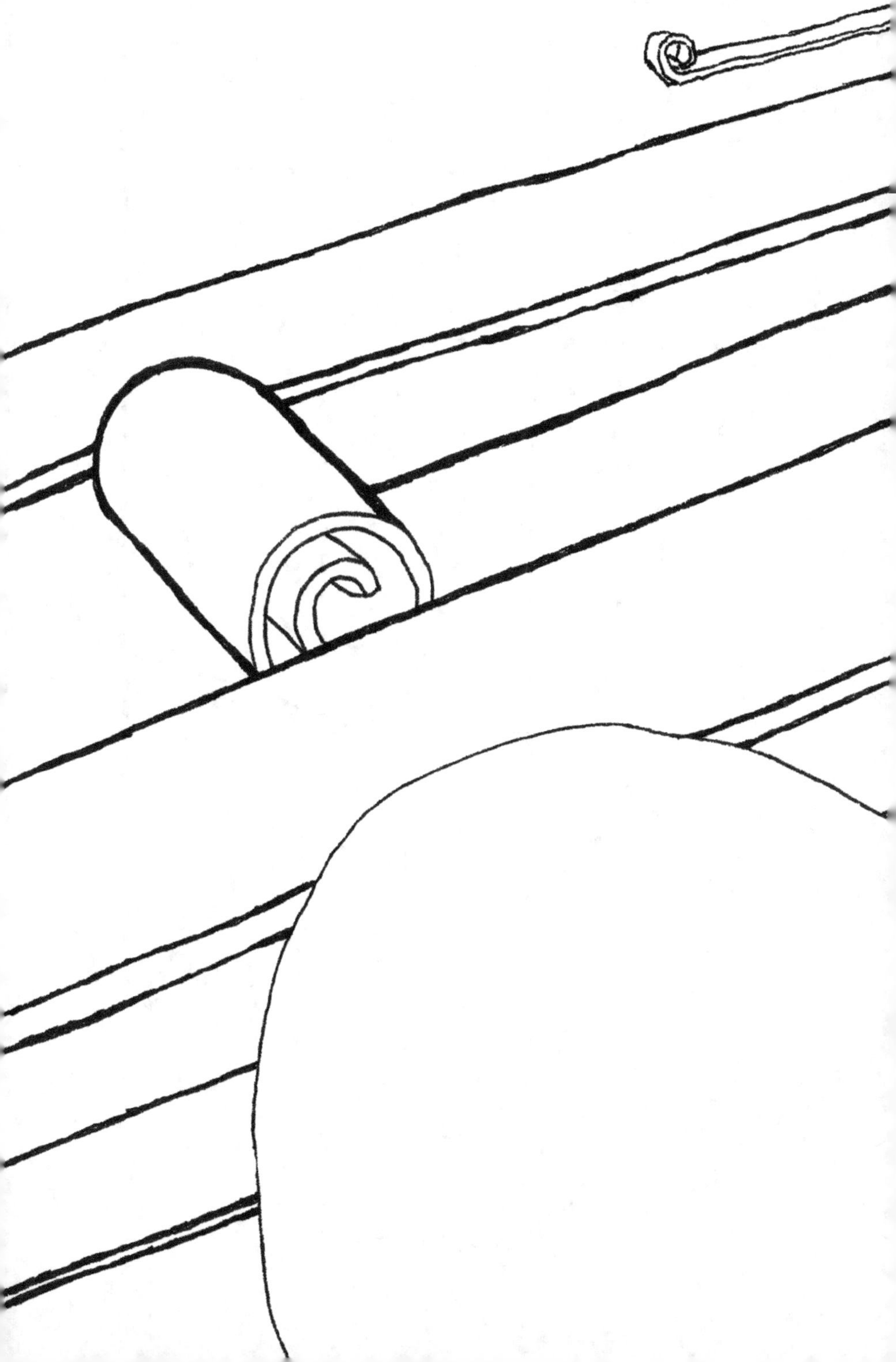

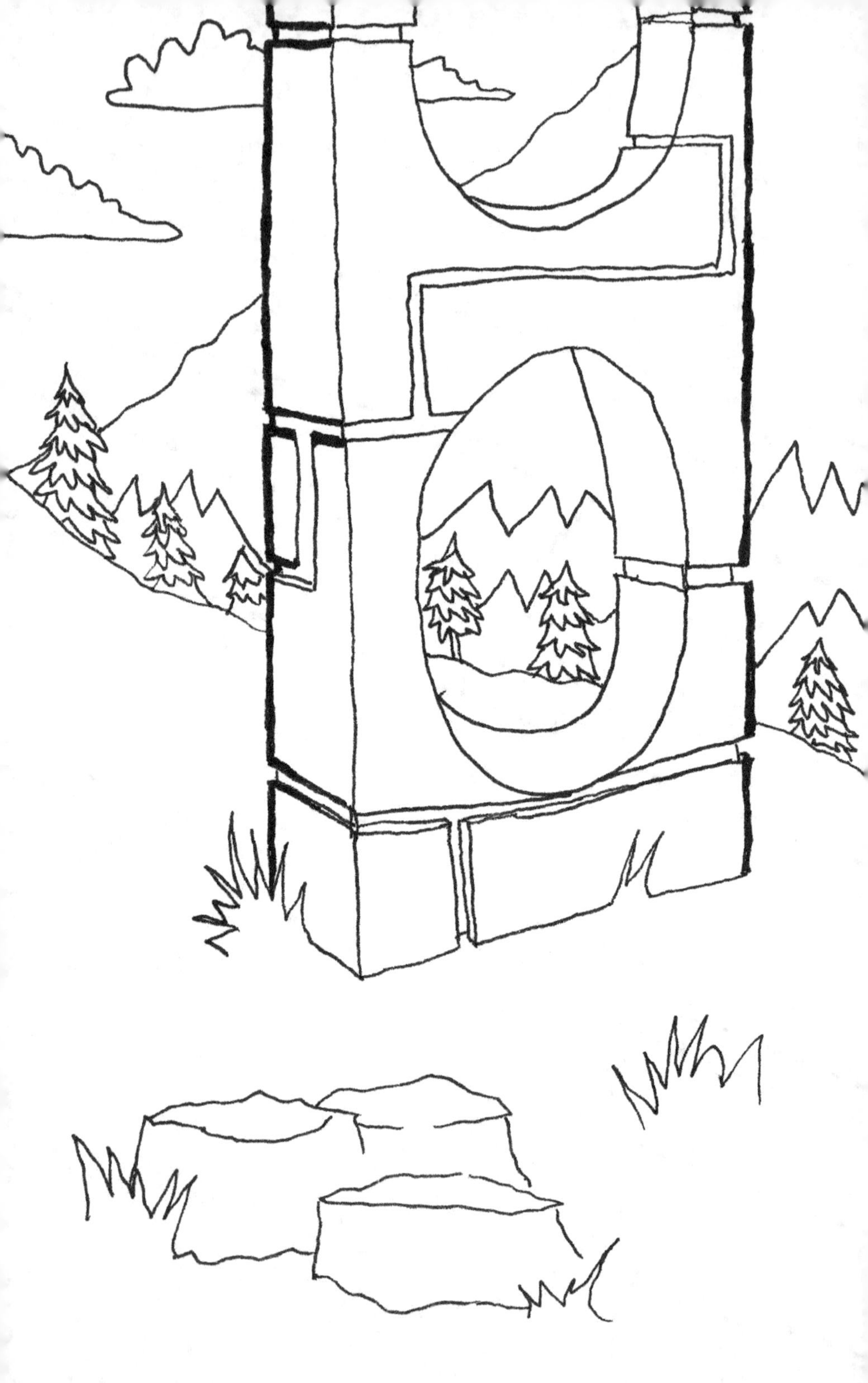

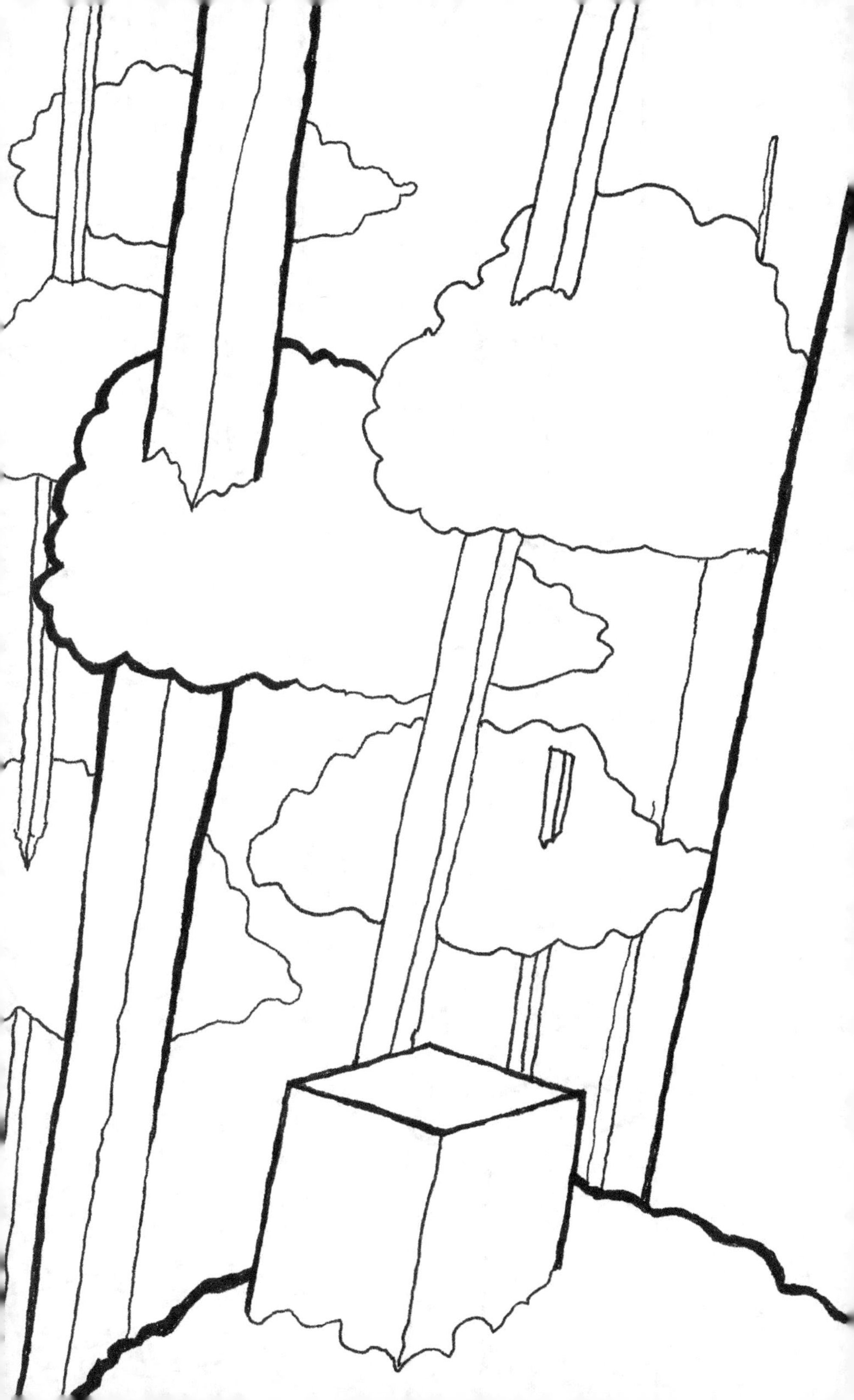

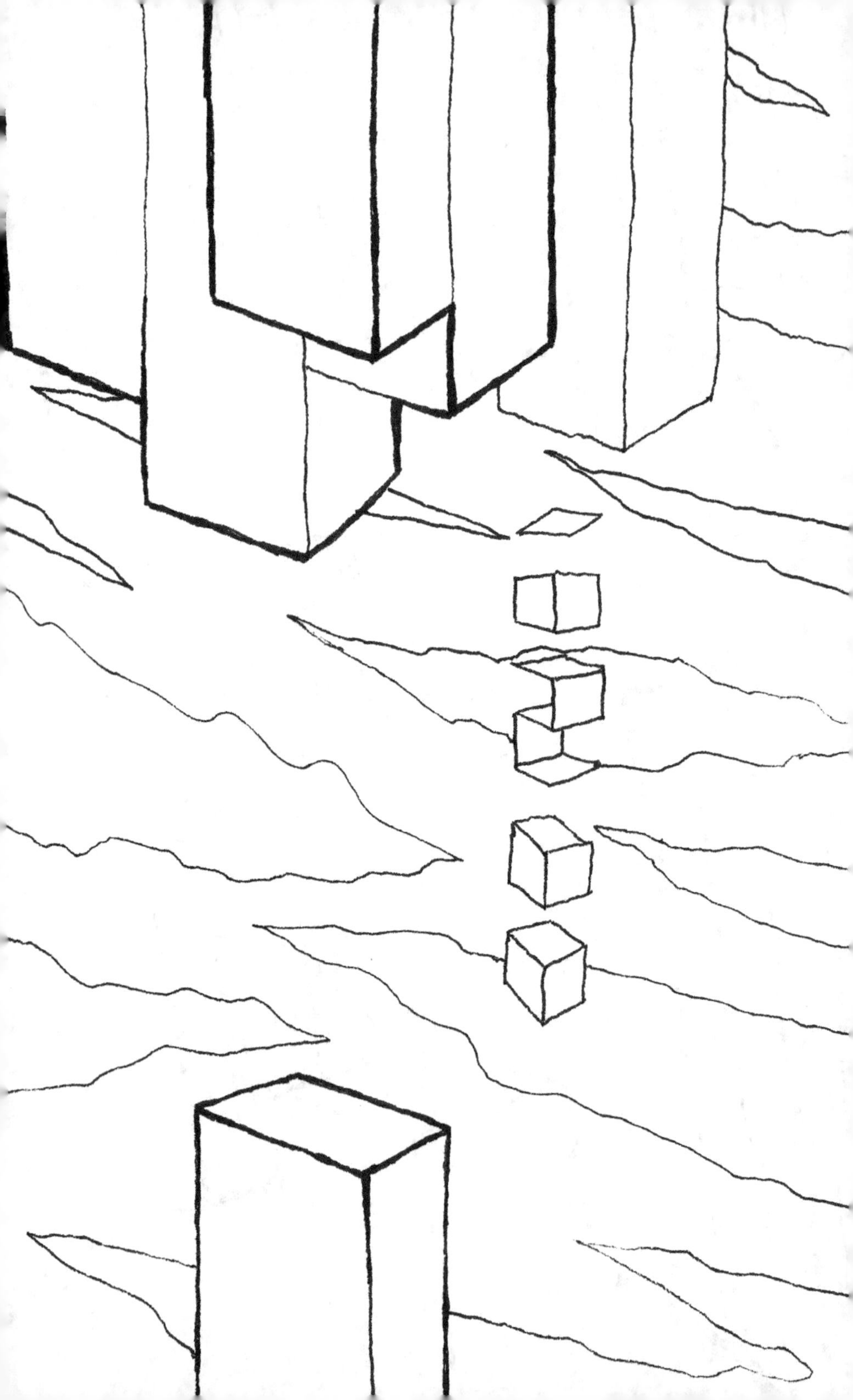

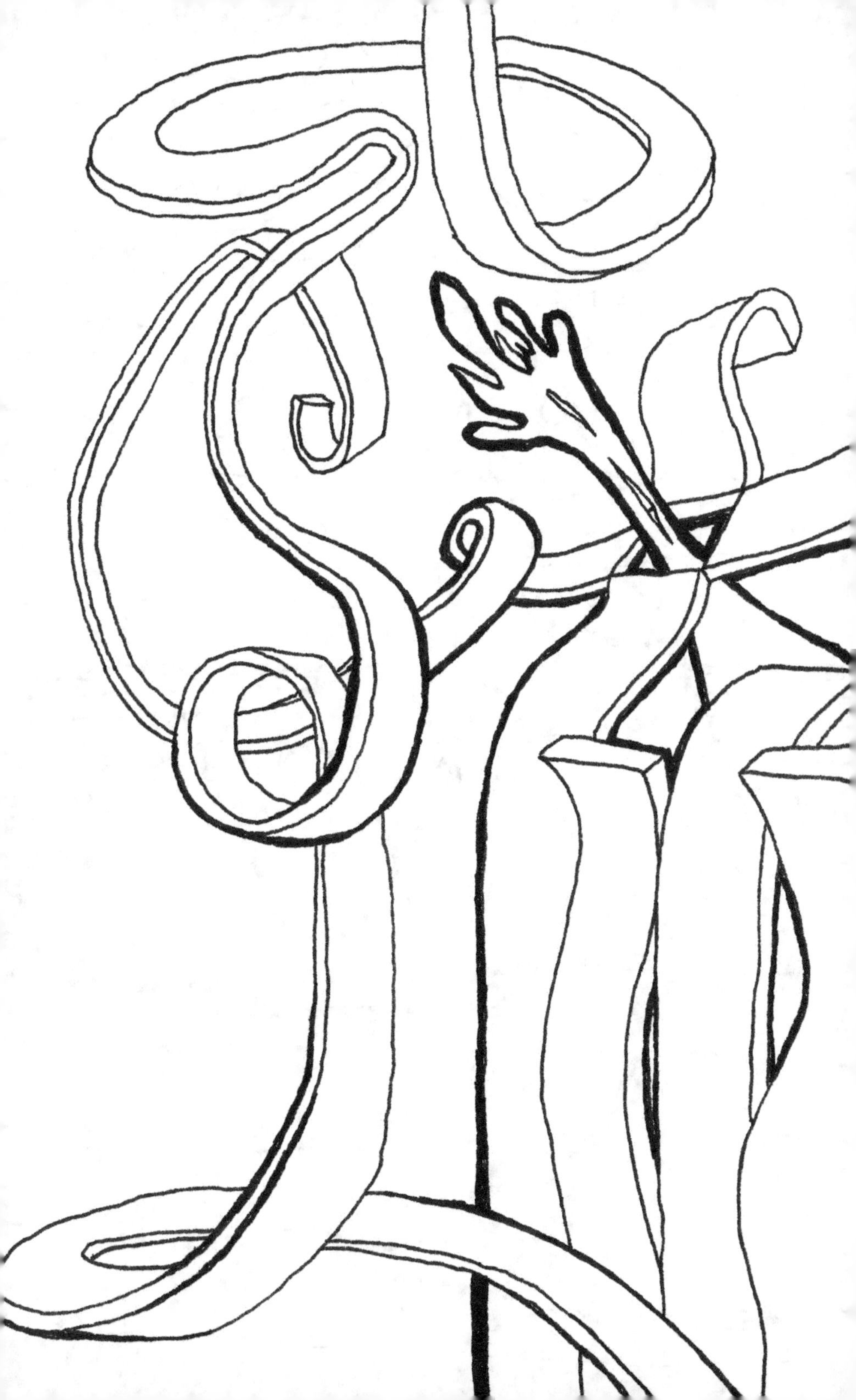

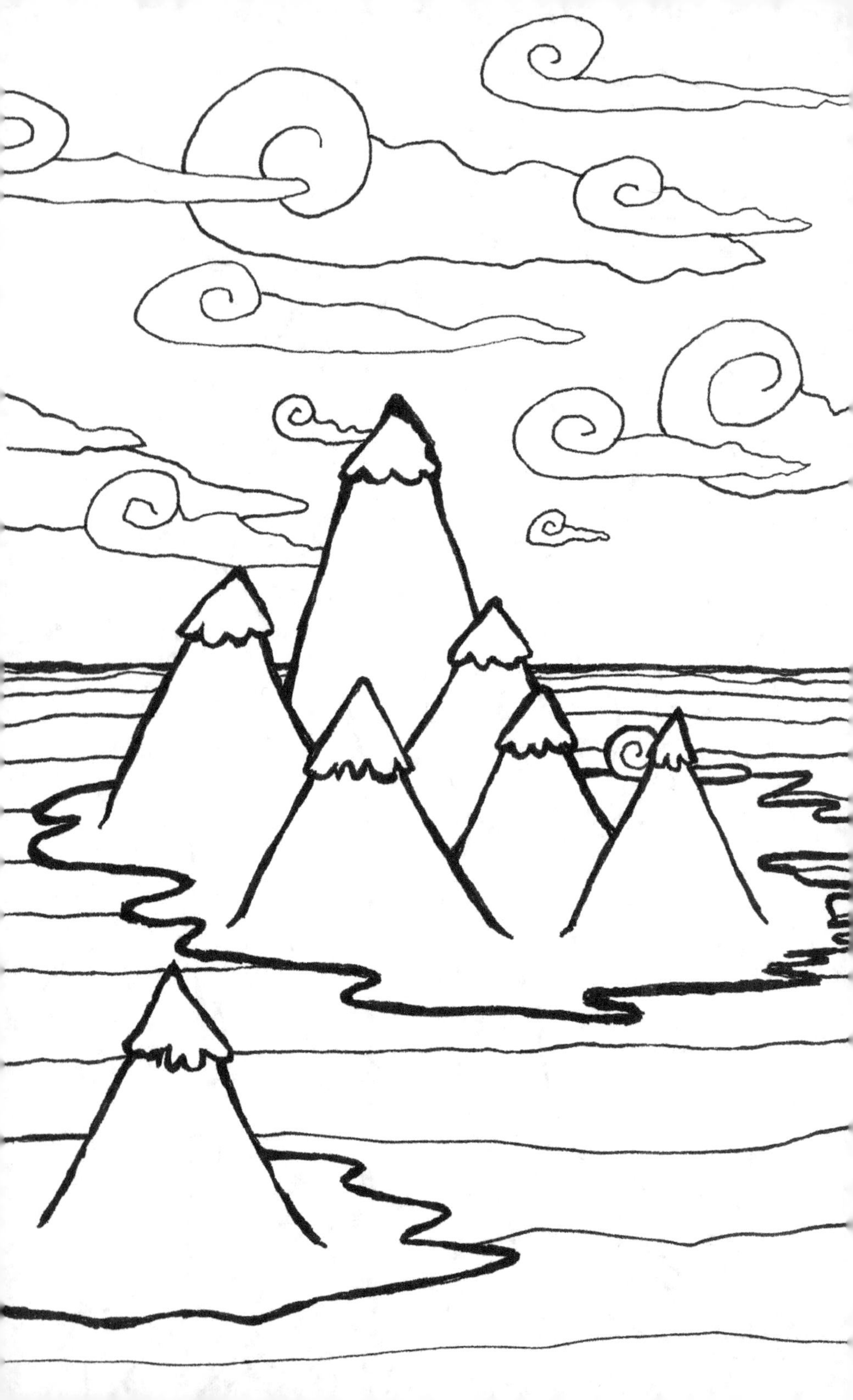

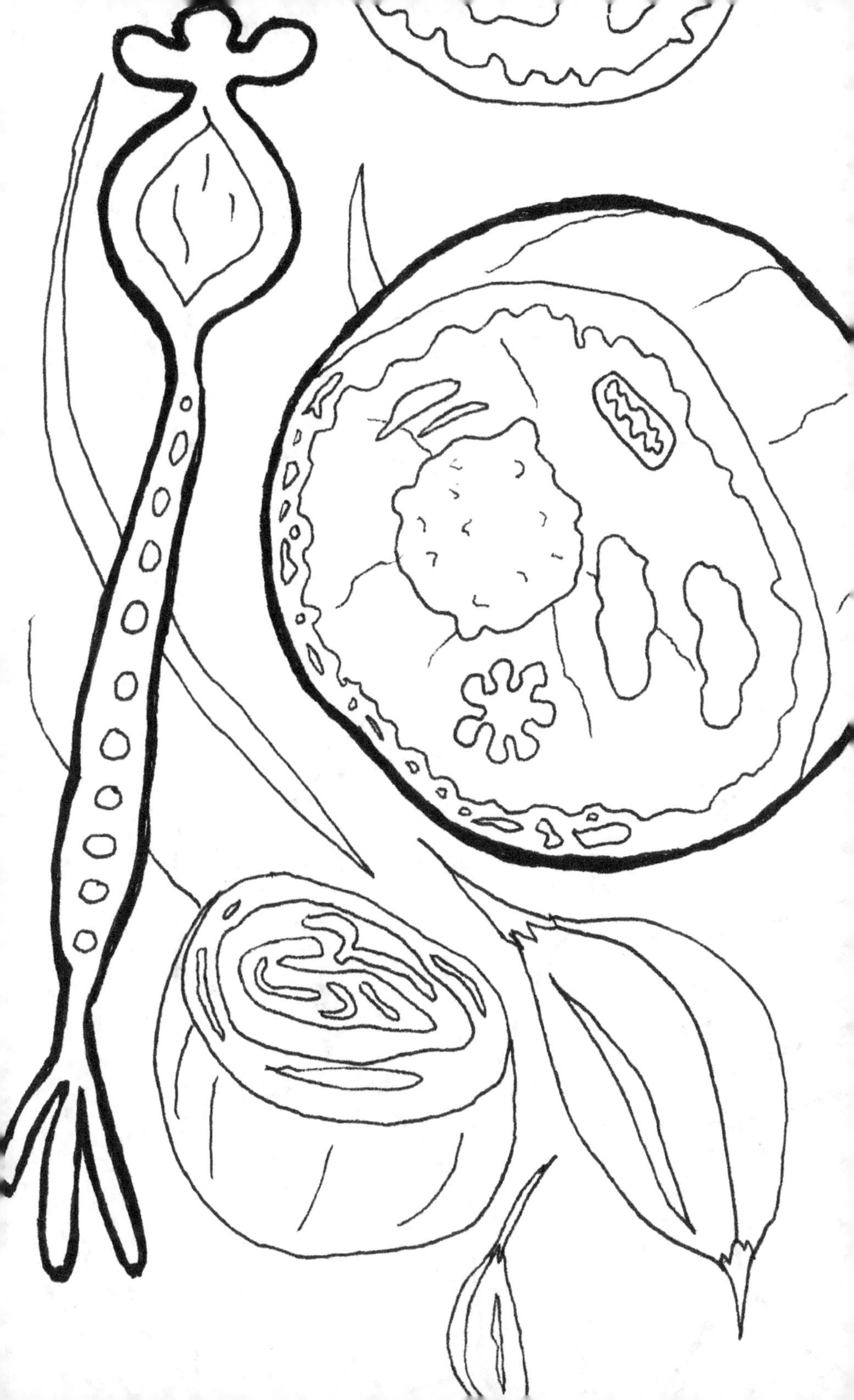

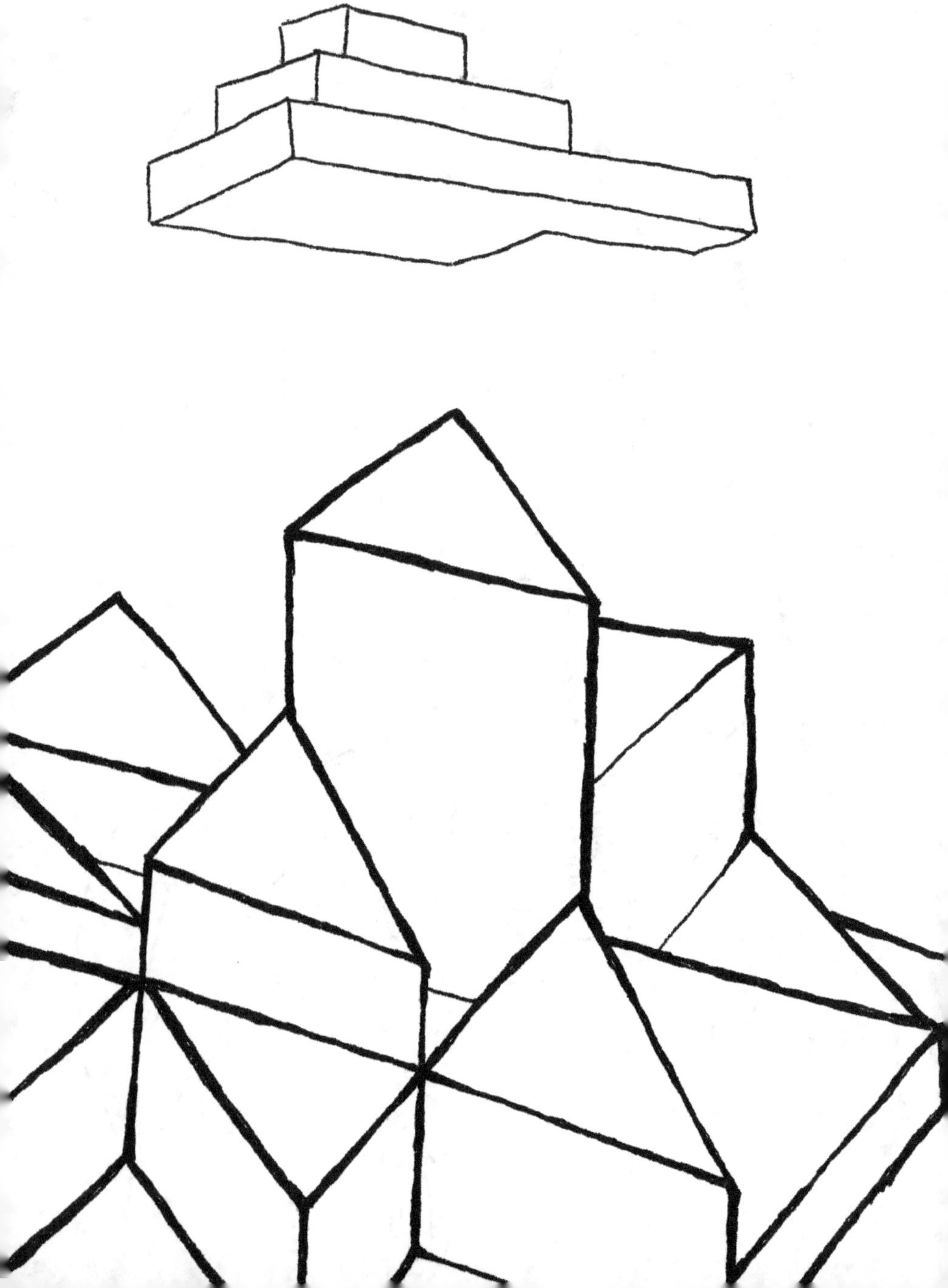

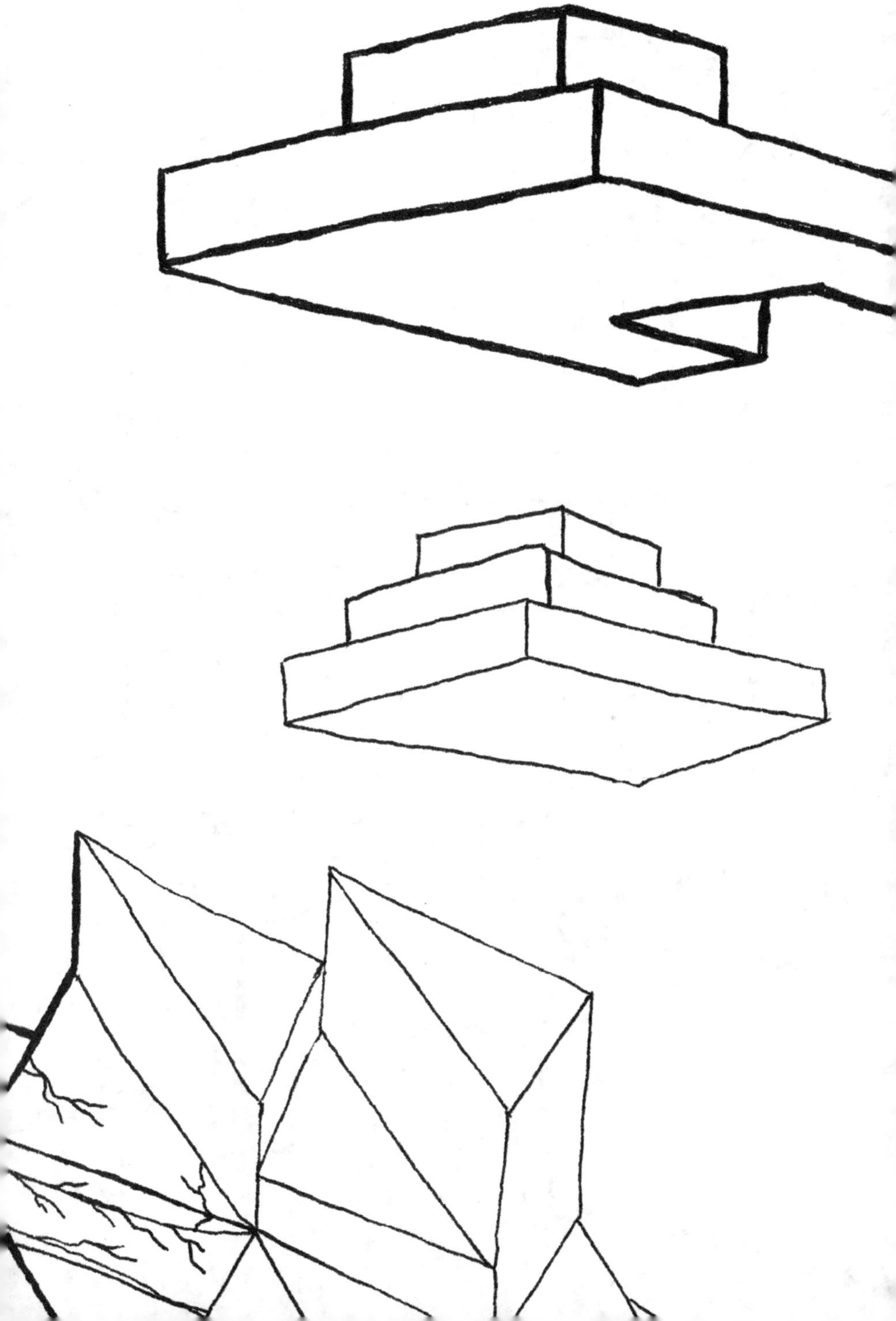

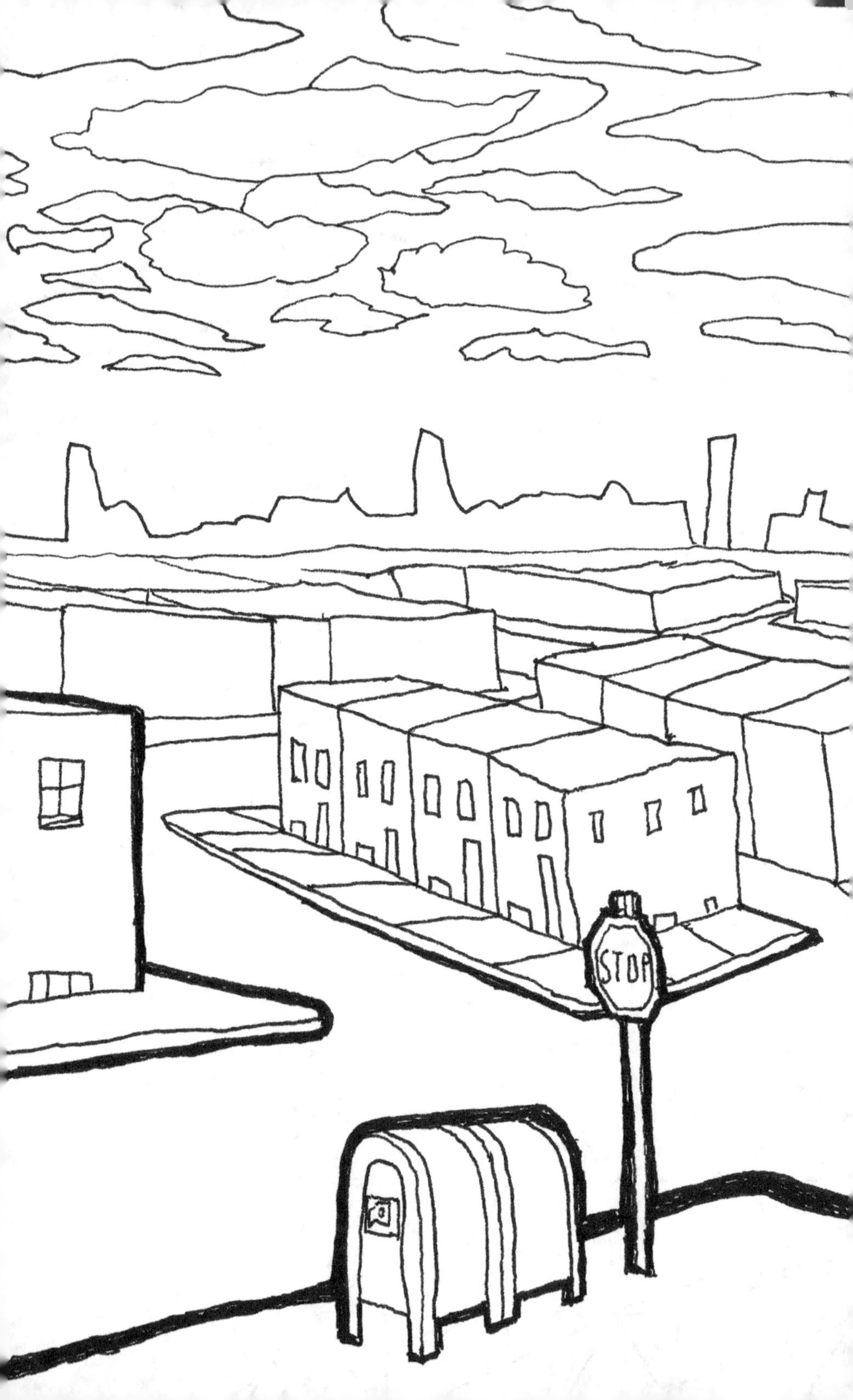
STOP

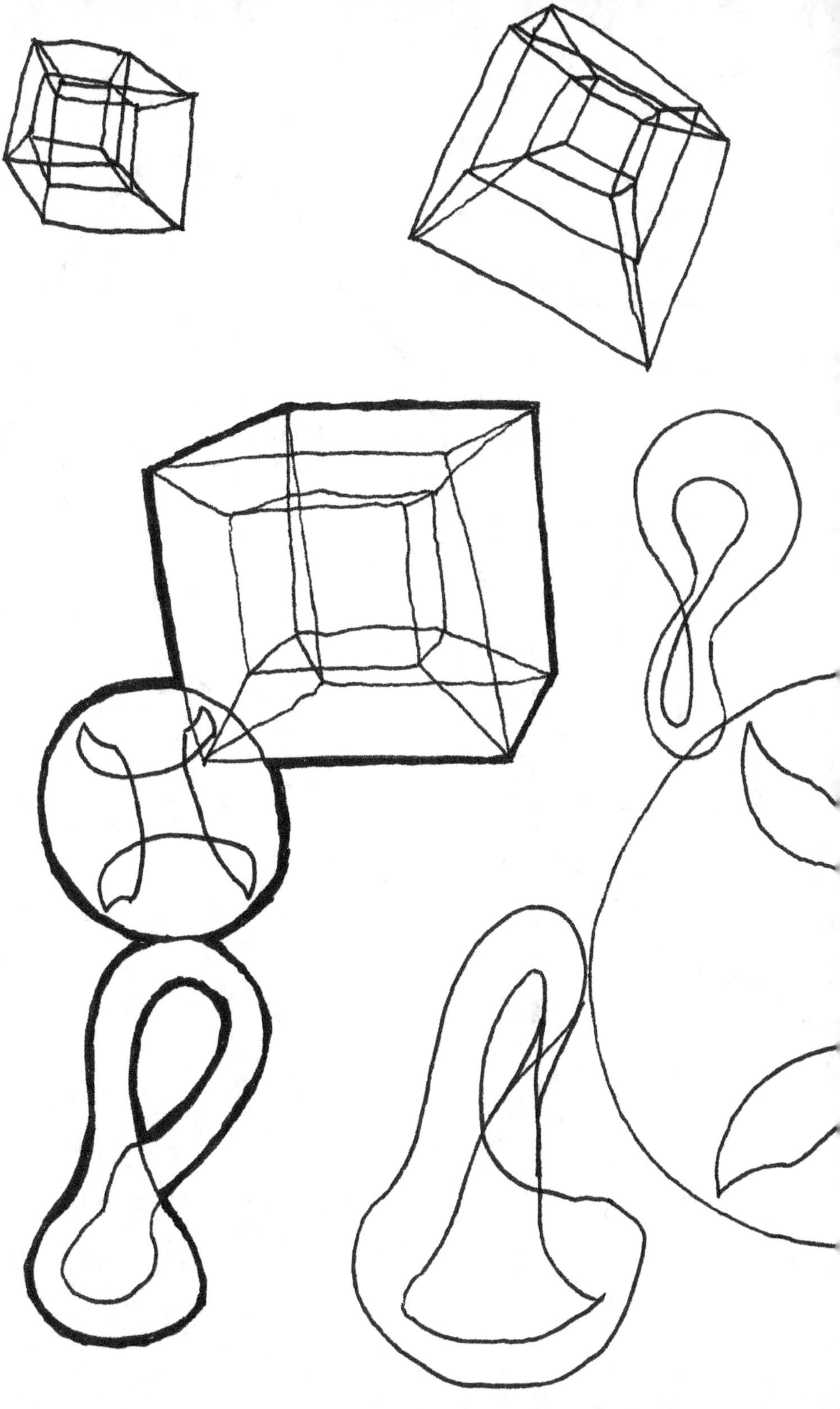

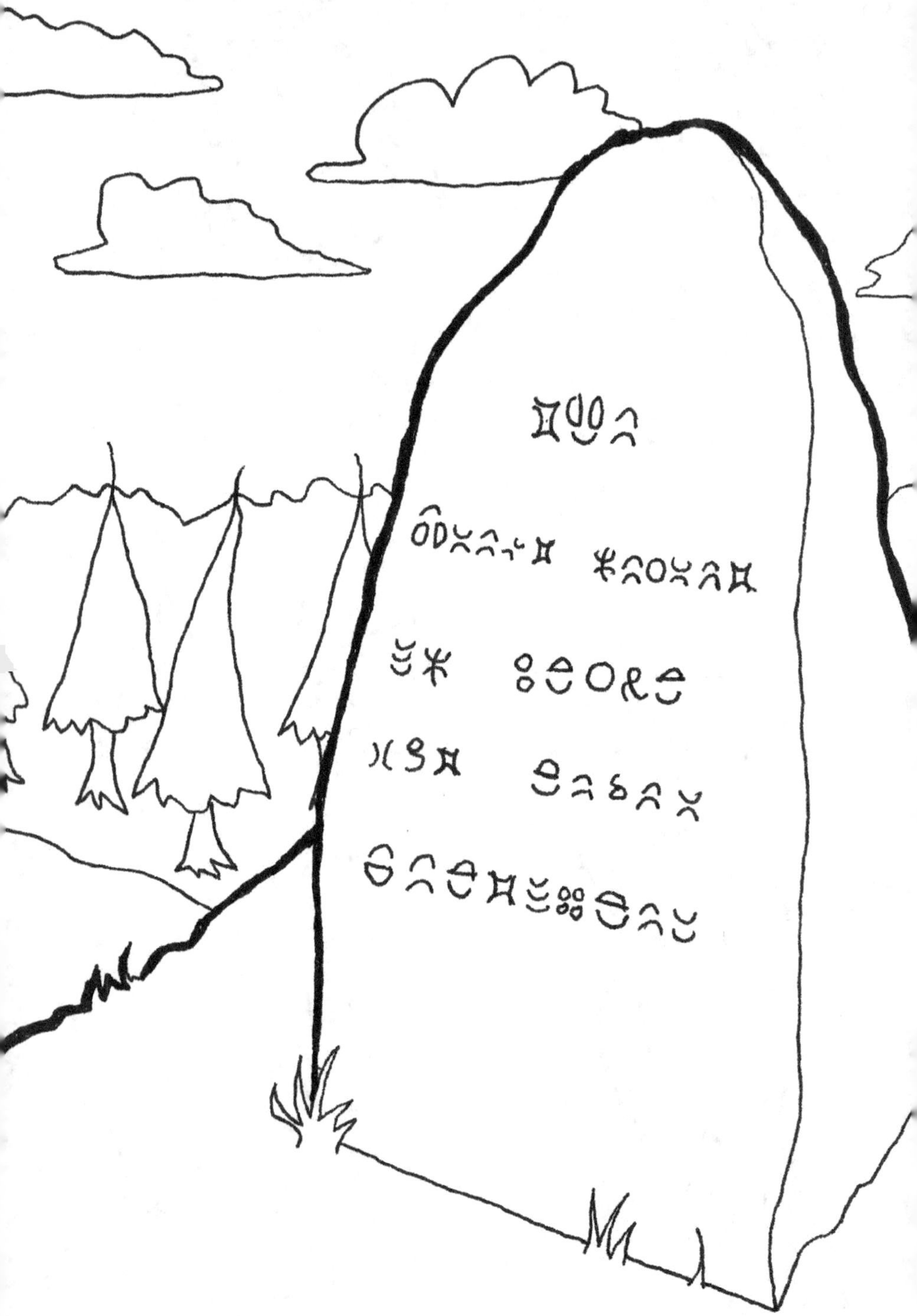

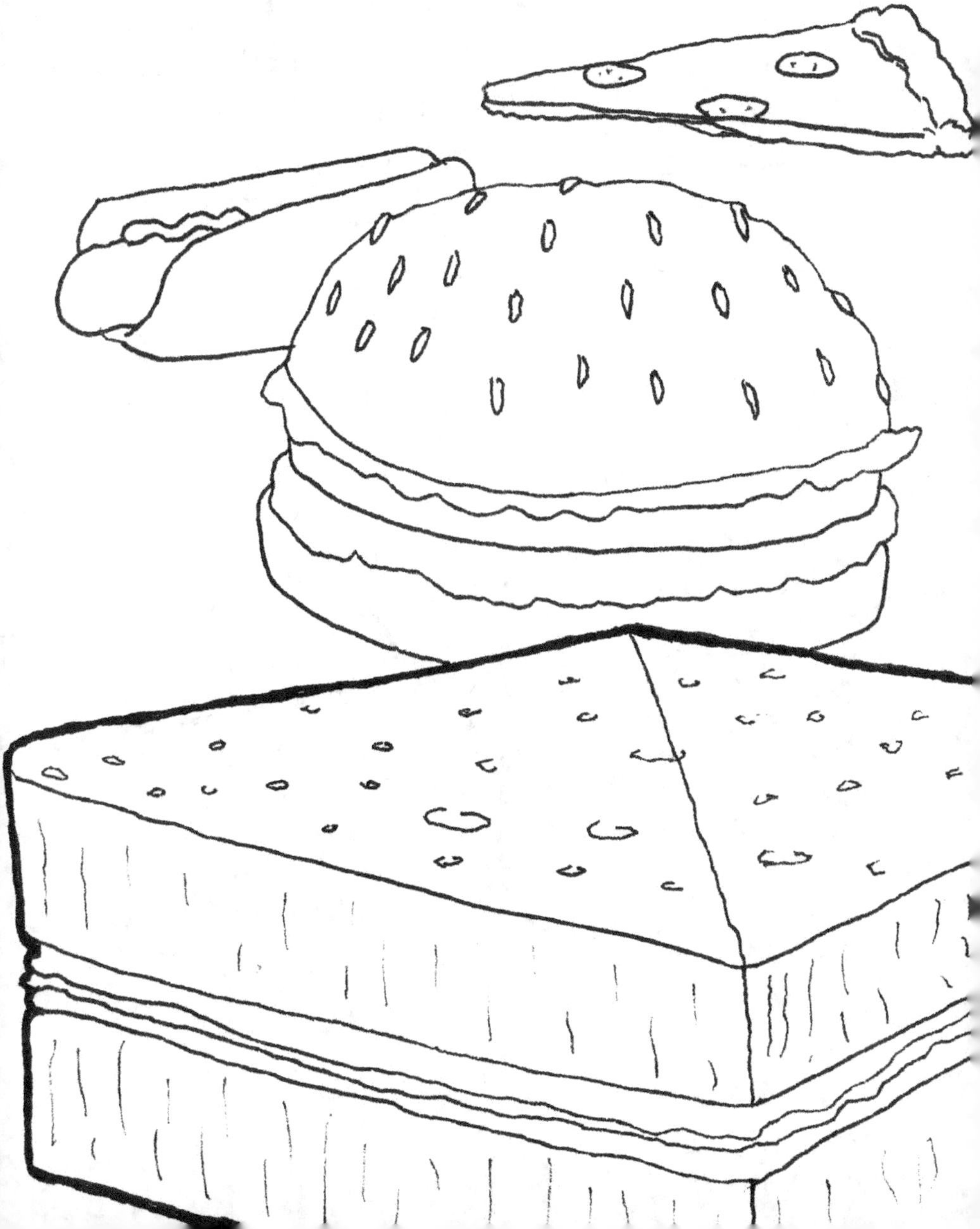

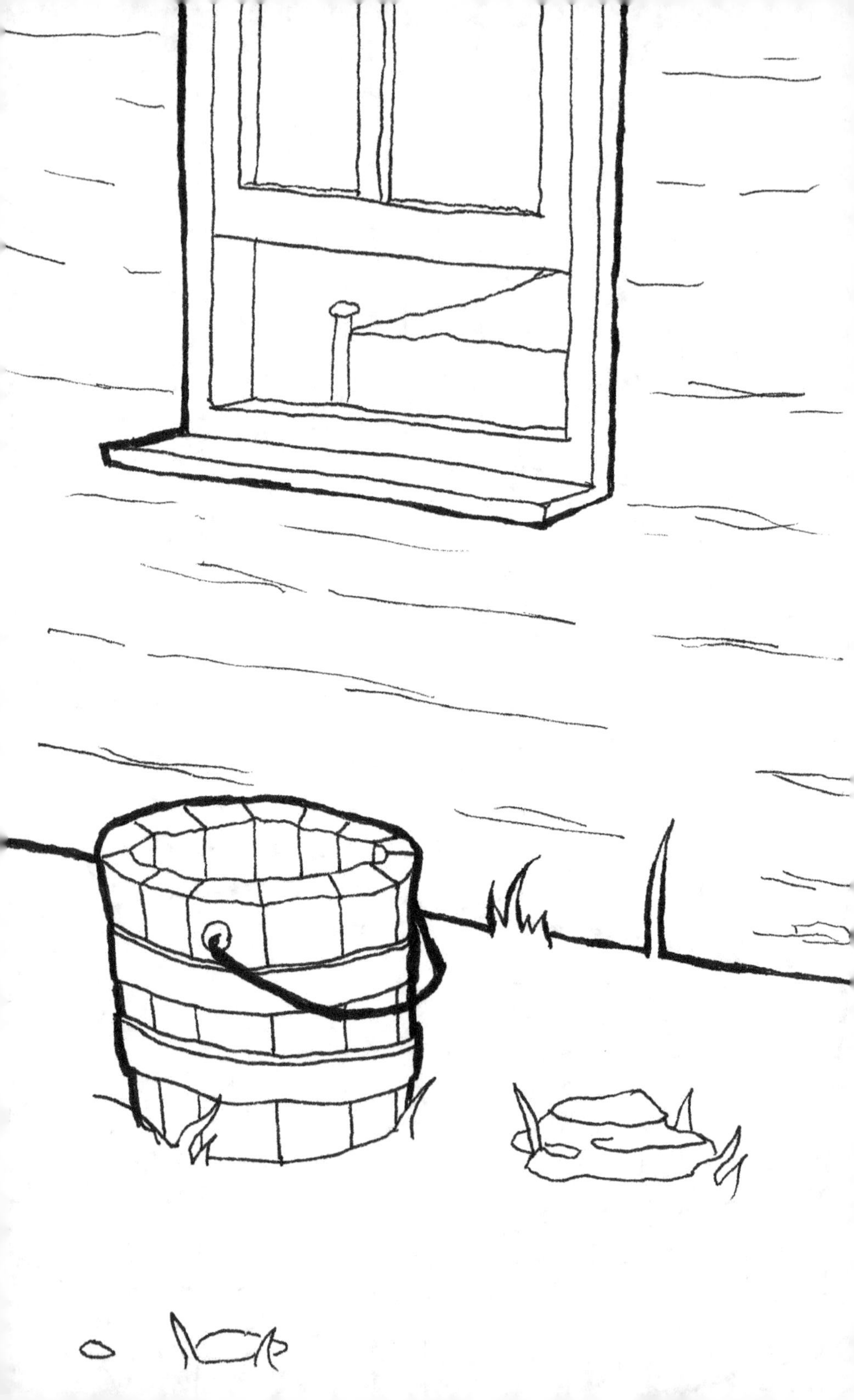

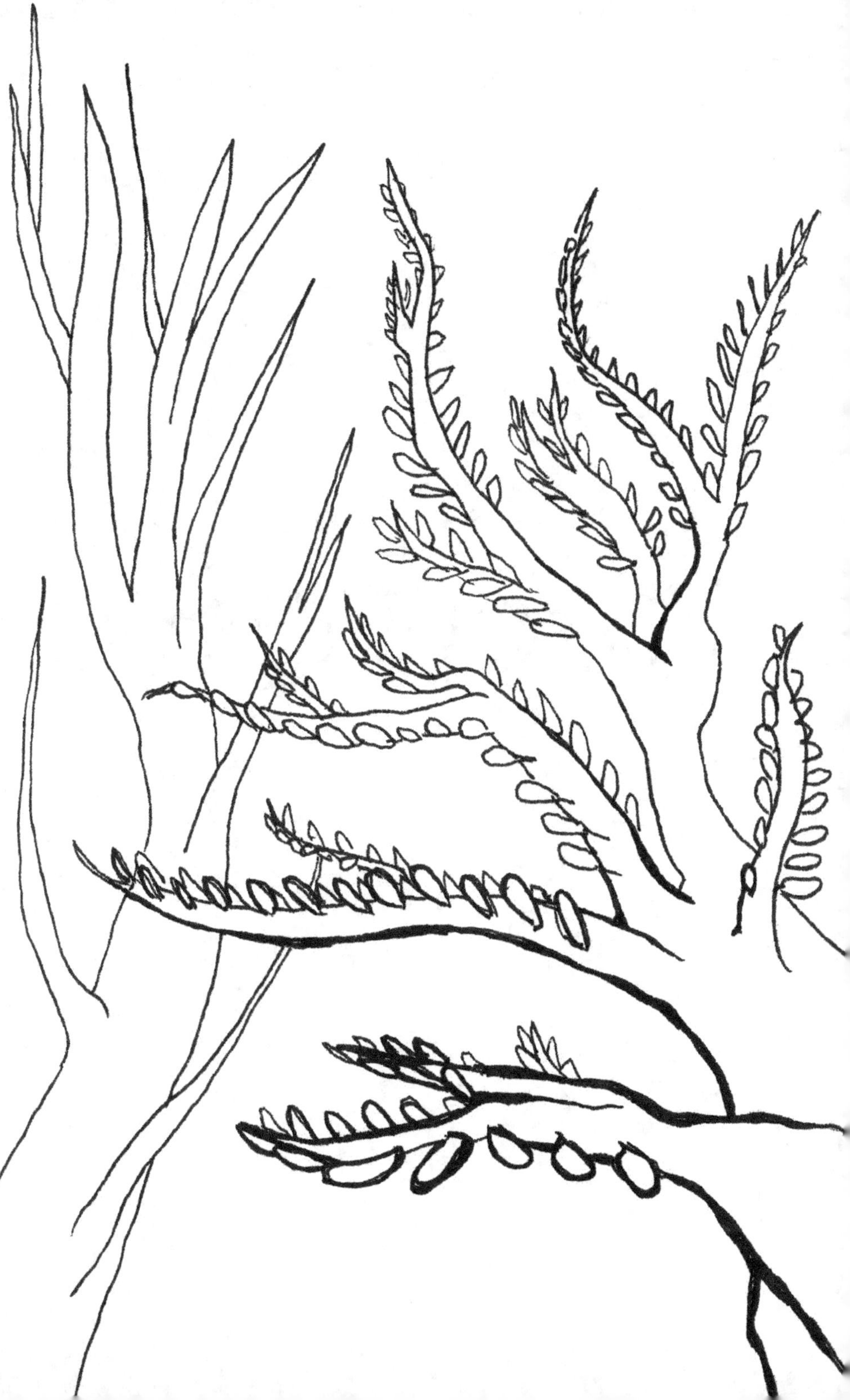

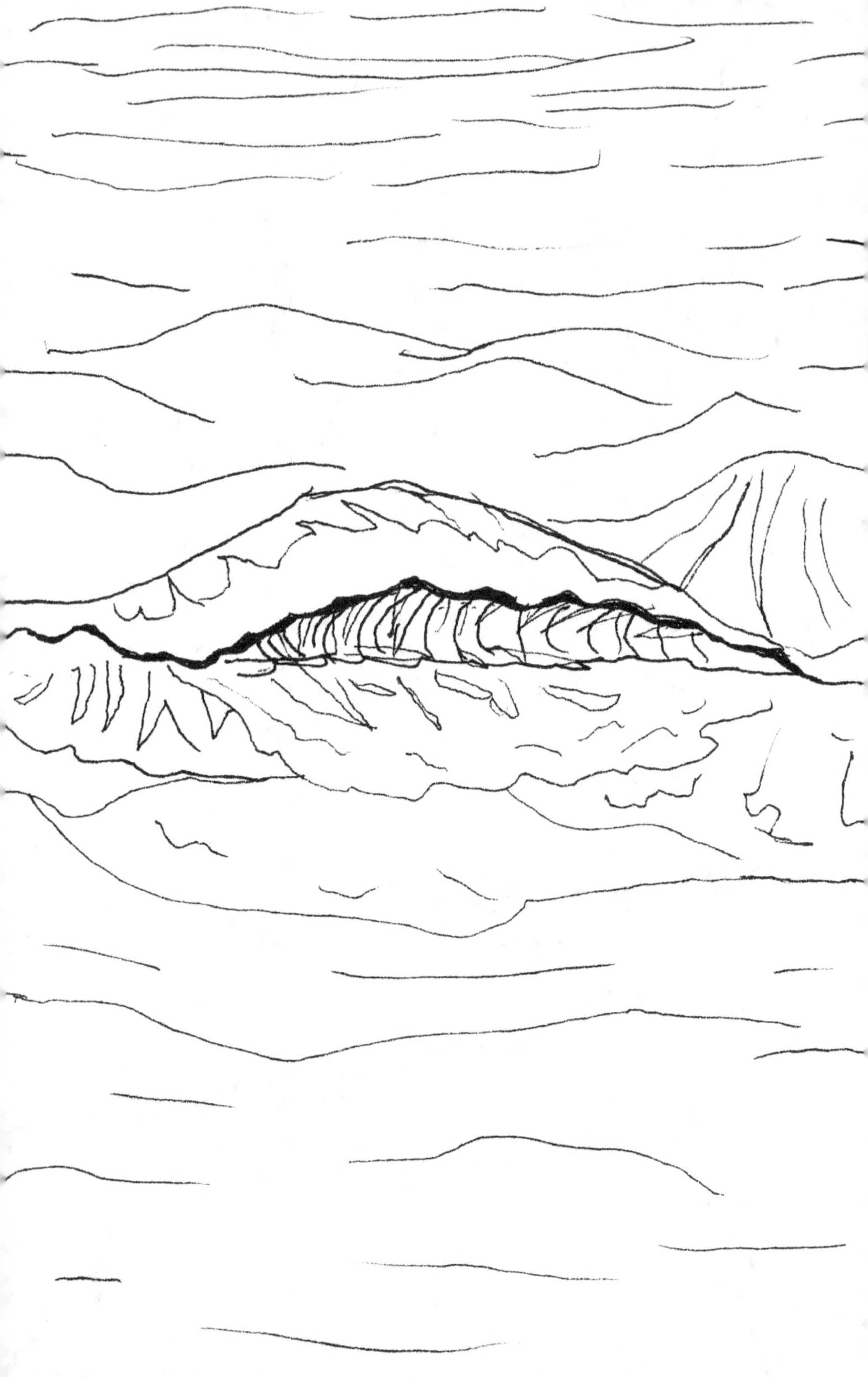

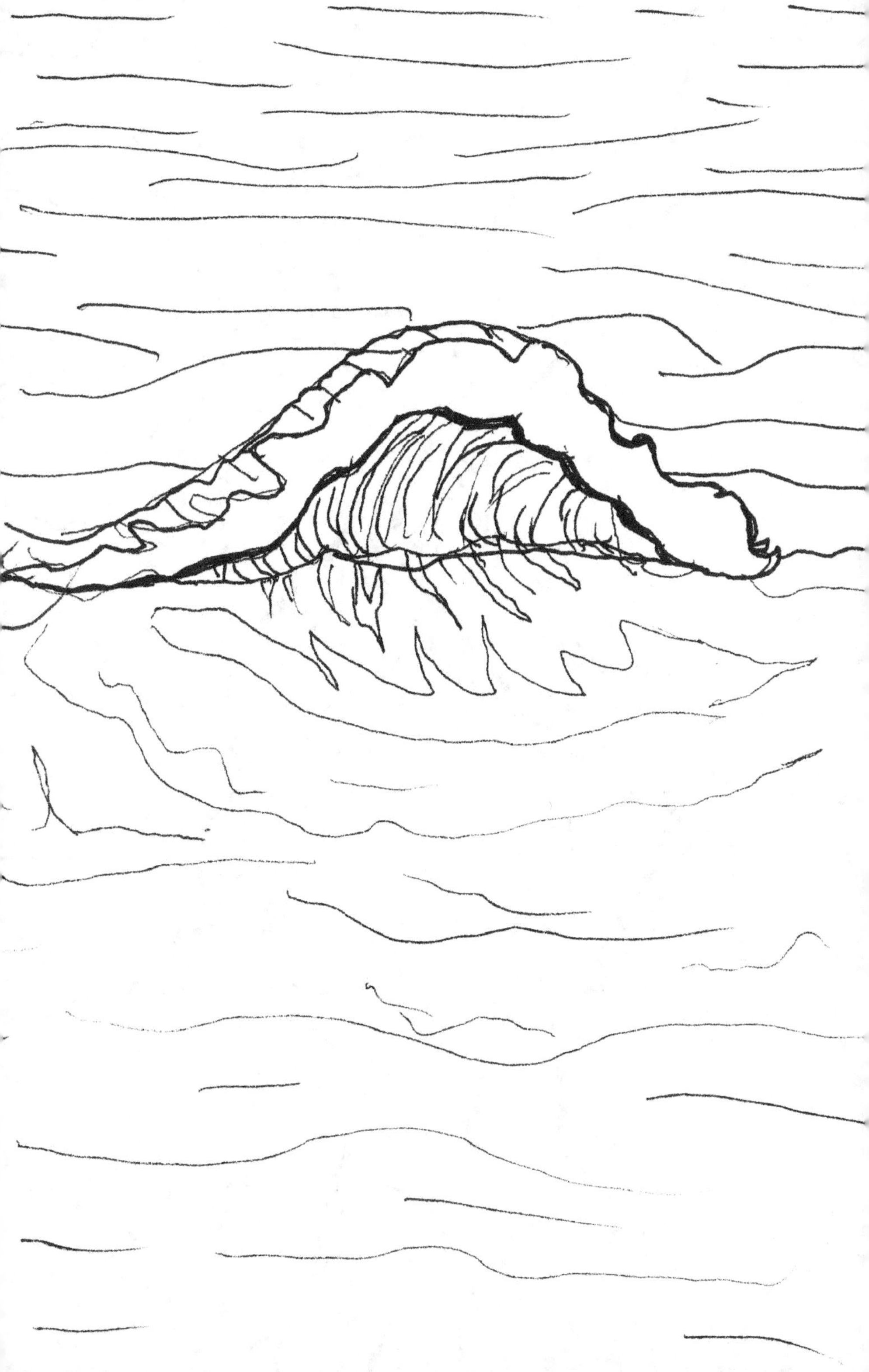

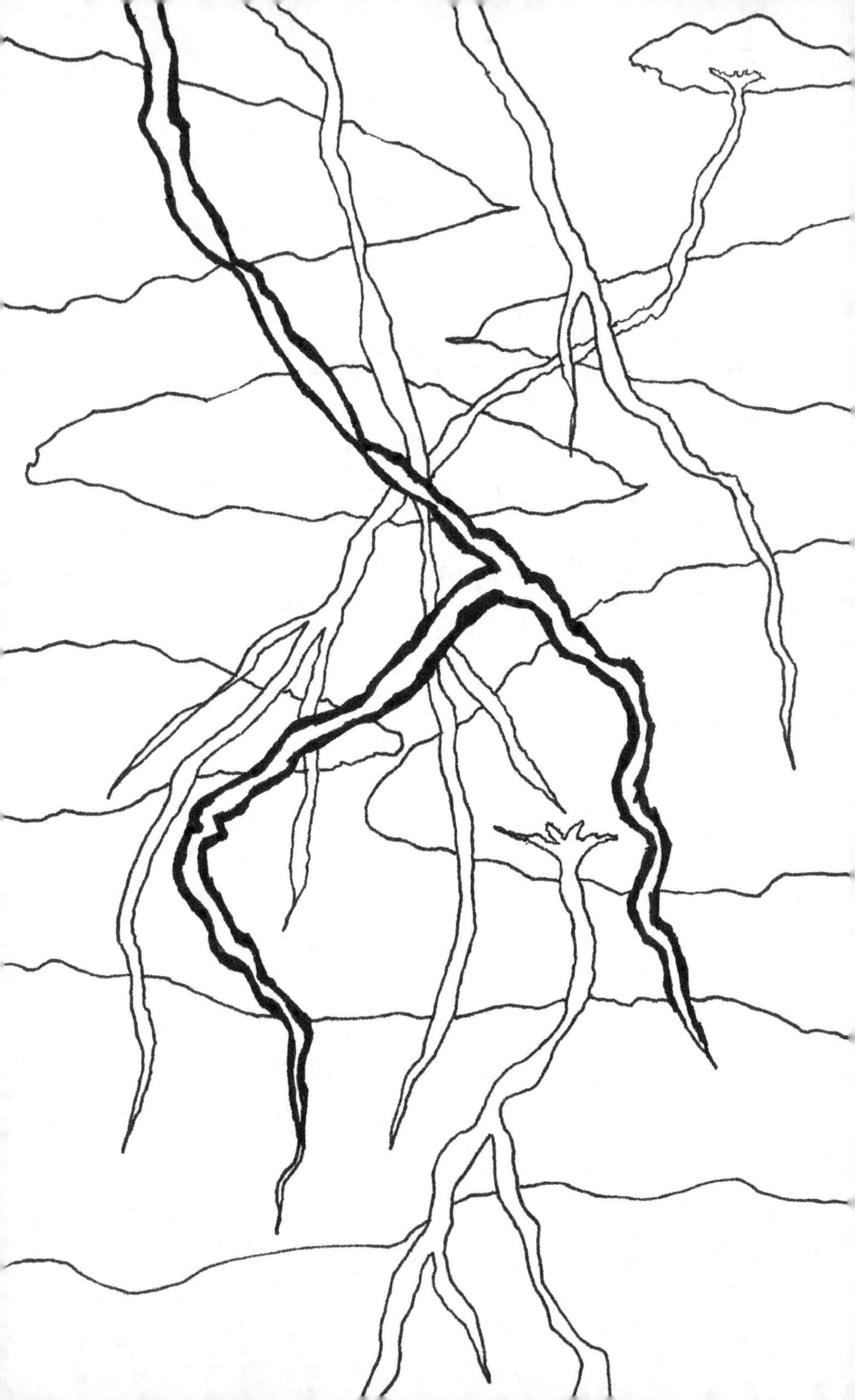

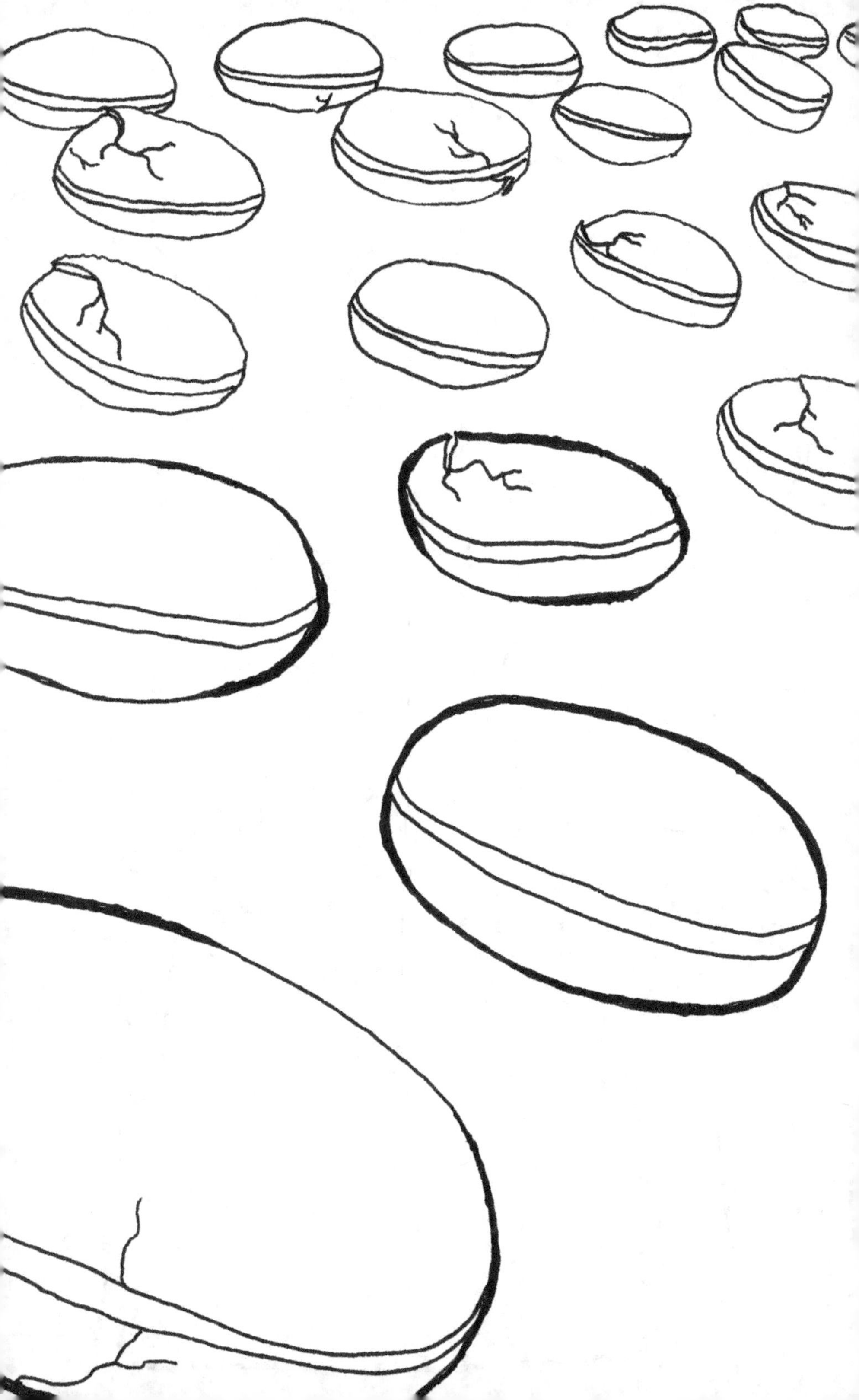

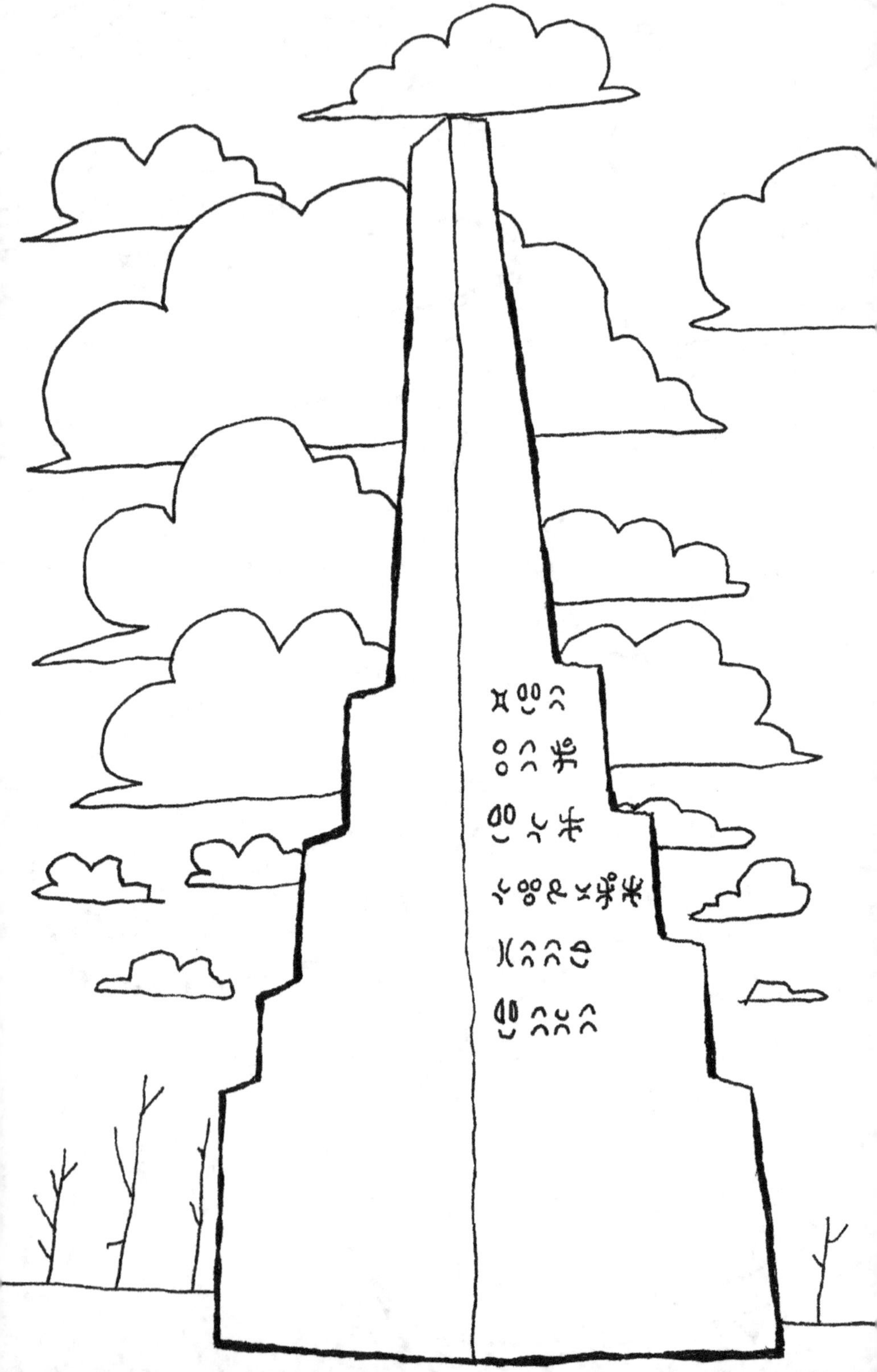

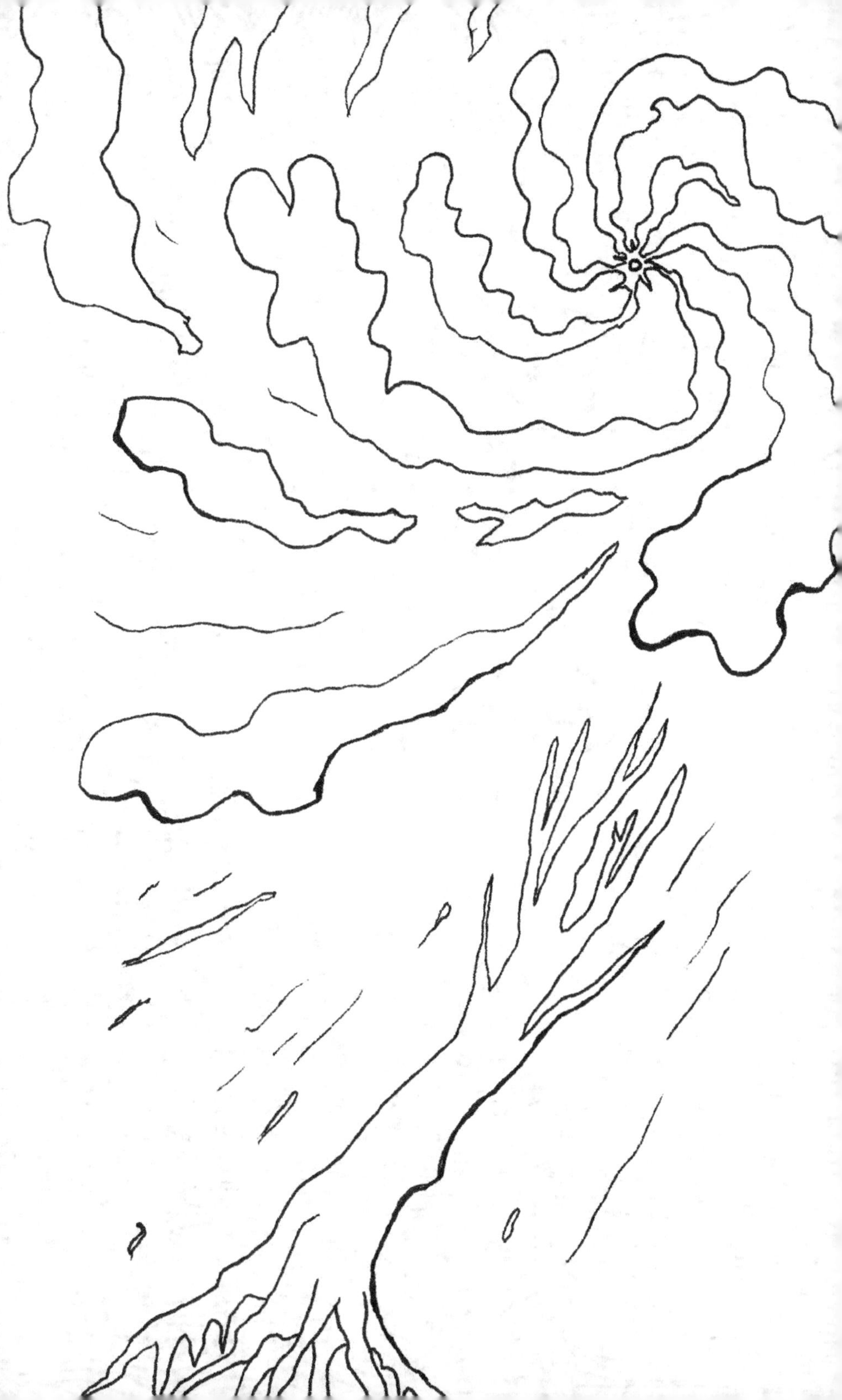

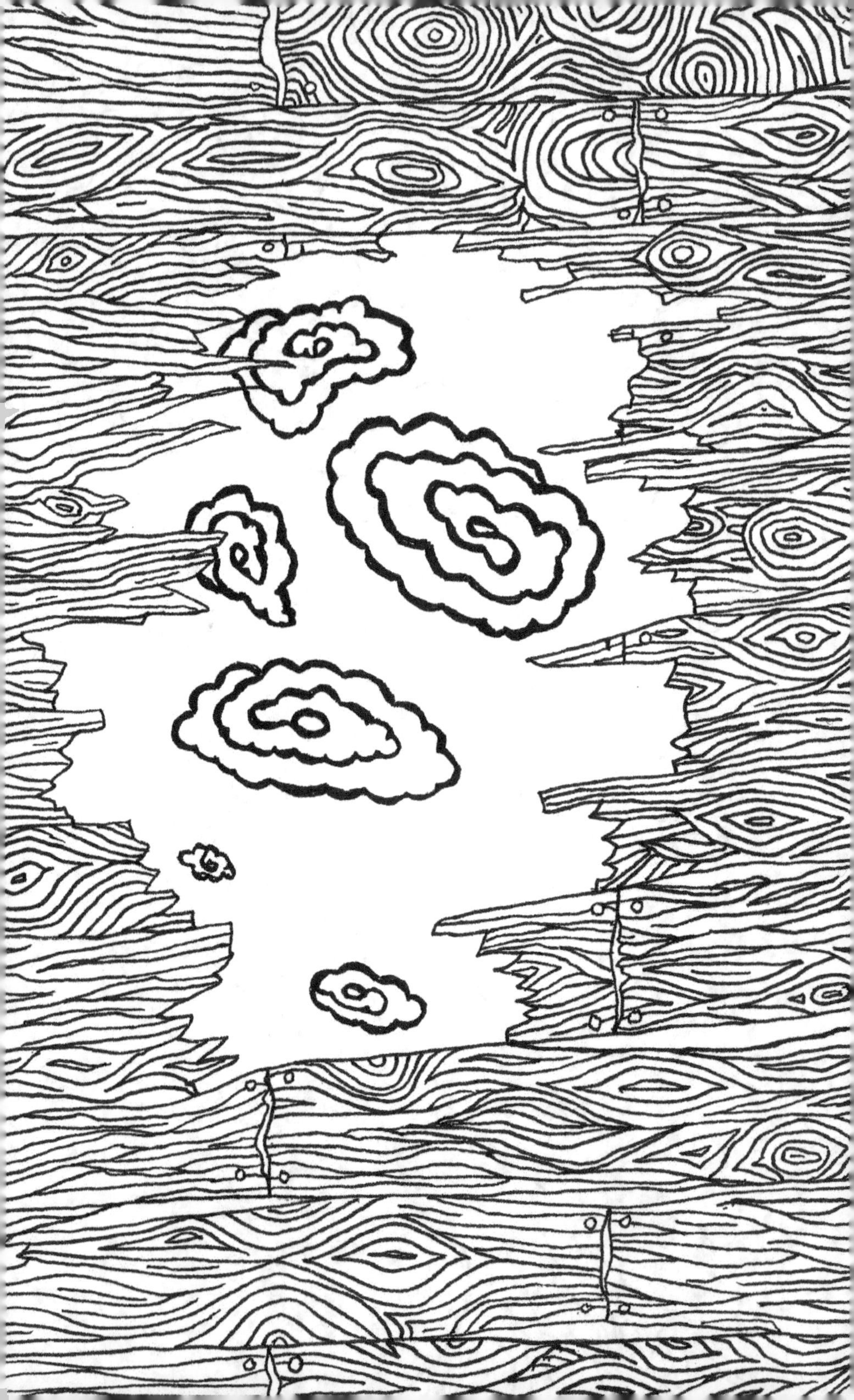

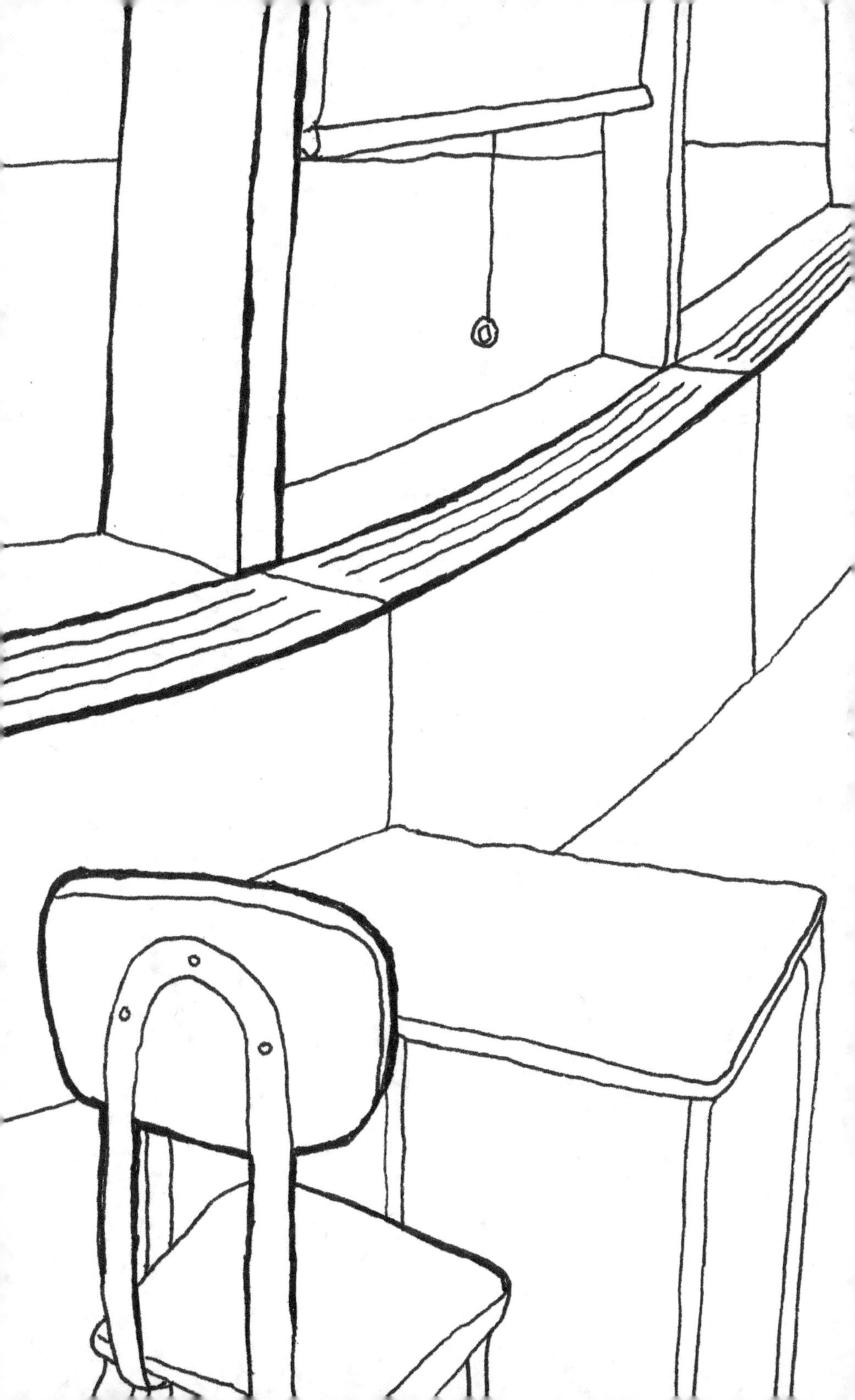

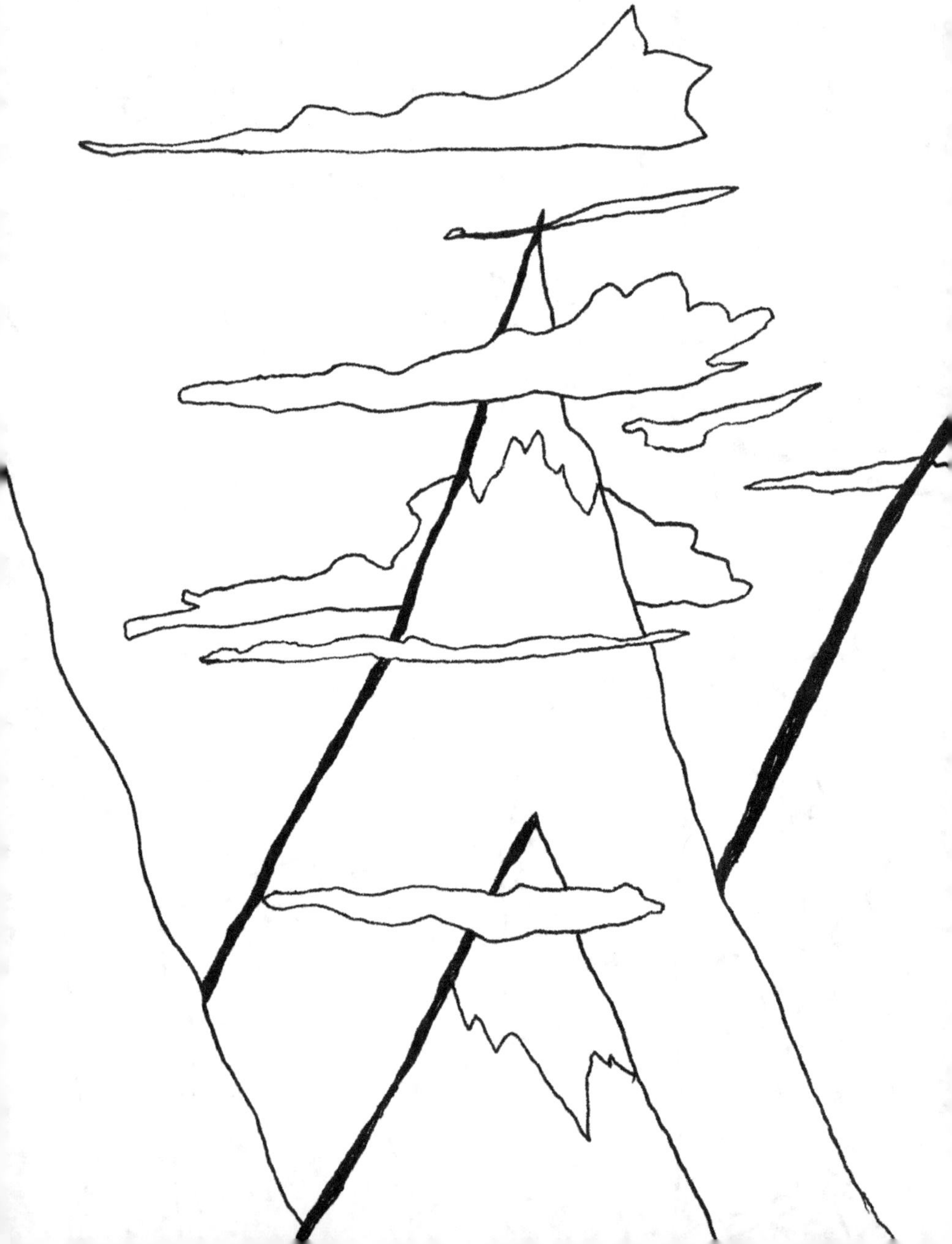

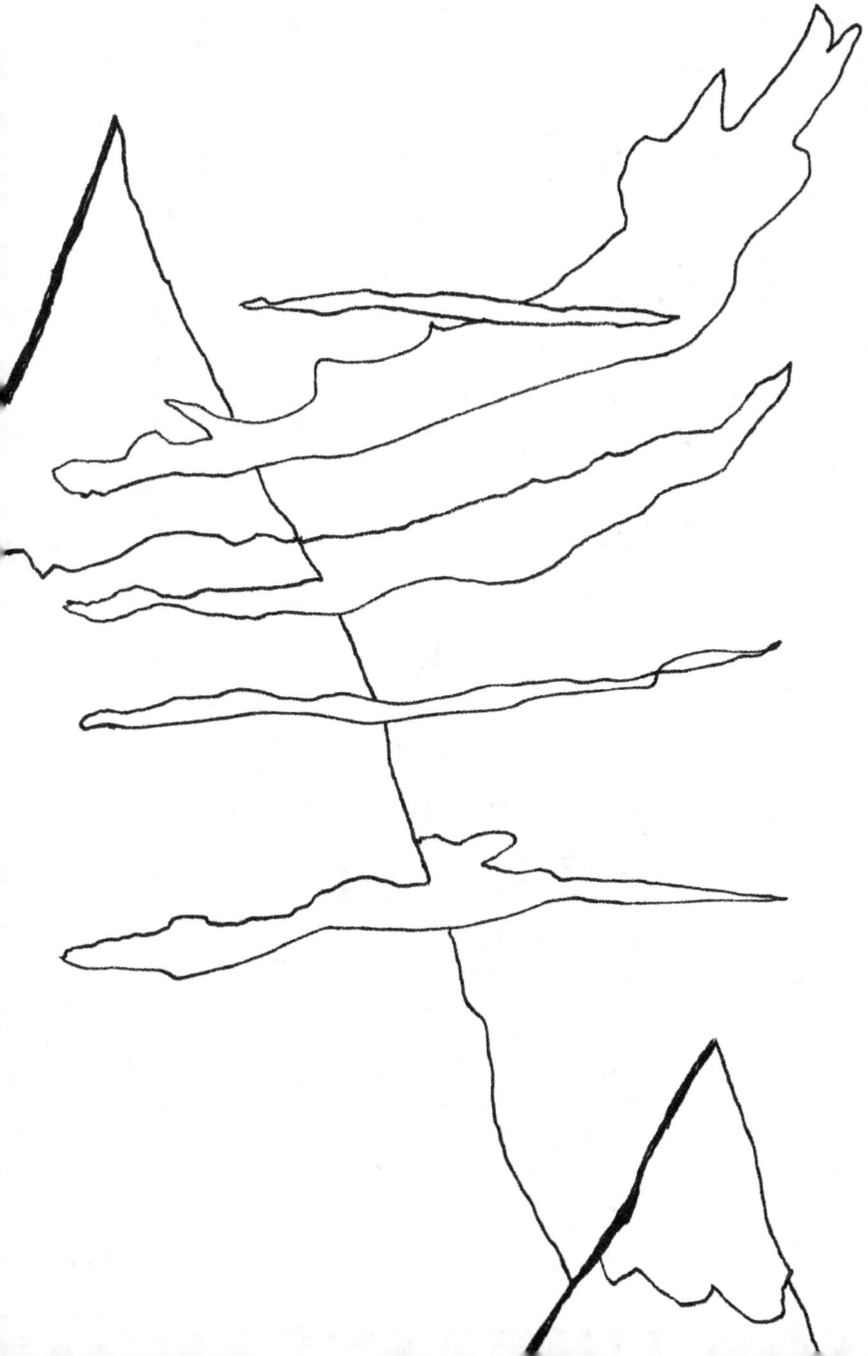

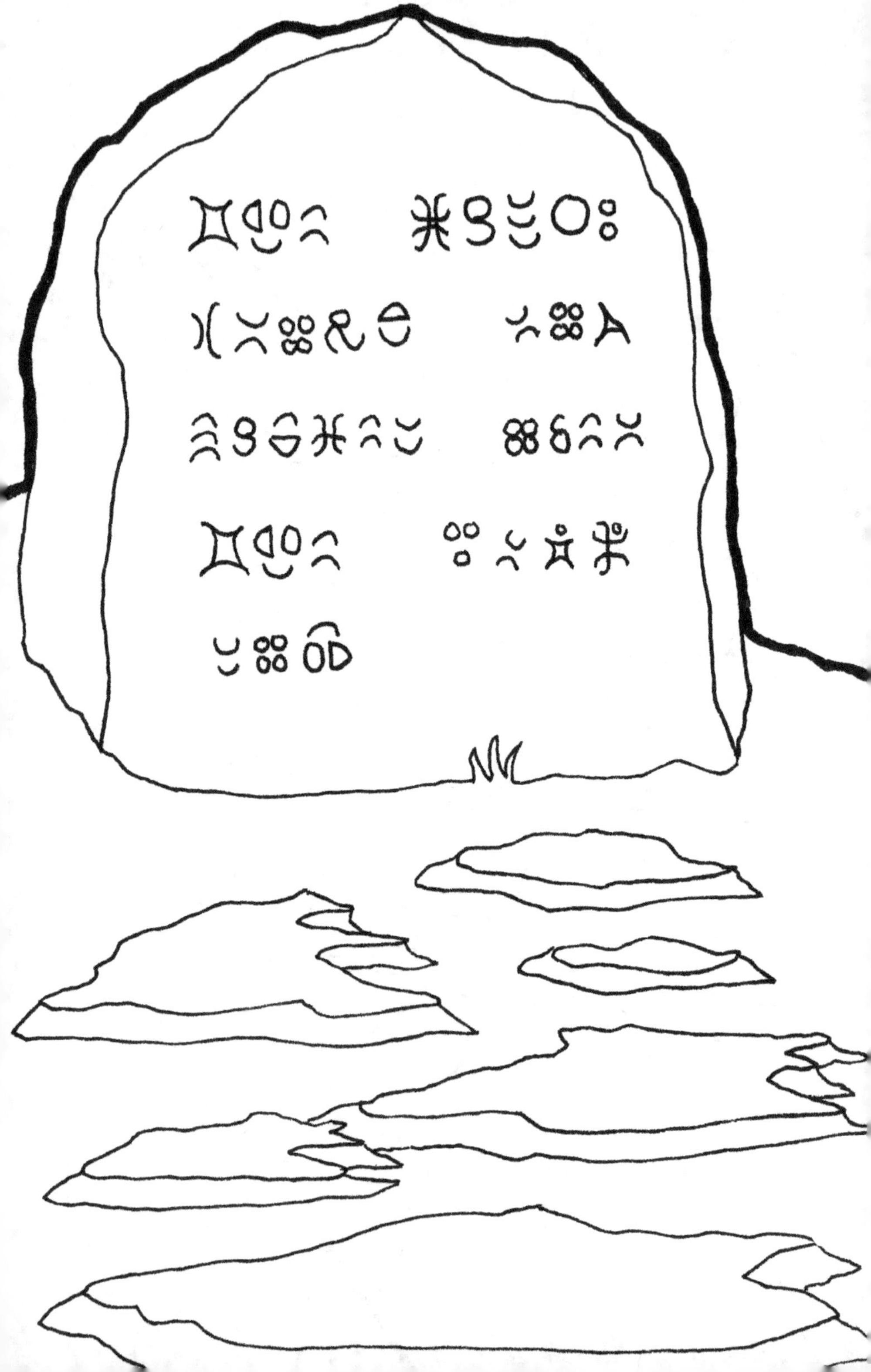

www.ingramcontent.com/pod-product-compliance
Lightning Source LLC
Chambersburg PA
CBHW071430220526
45469CB00004B/1474
* 9 7 8 1 7 2 4 7 8 9 2 1 1 *